초역
아들러의 말

초역
아들러의 말

알프레드 아들러 지음

이와이 도시노리 엮음 · 박재현 옮김

RHK
알에이치코리아

알프레드 아들러(1870~1937년)는 오스트리아의 정신과 의사
이자 심리학자다. 말하지 않아도 다 아는 '아들러 심리학'의
창시자로, 프로이트, 융과 나란히 '현대 심리학의 3대 거장'
으로 꼽히고 있다.

2013년에 출간되어 베스트셀러가 된 《미움받을 용기》로
그의 존재를 알게 된 사람도 많을 것이다. 그때까지만 해도
프로이트나 융에 비해 지명도도 낮아서 아는 사람만 아는 존
재였다. 나는 1985년 아들러를 알게 된 이후 공개 강연이나
비즈니스 연수에서 아들러 심리학을 널리 알려왔는데, 아들
러 관련 도서가 베스트셀러가 되자 '드디어 널리 아들러가
알려지게 되는구나' 생각하며 기뻤다.

아들러는 오스트리아의 빈 교외에 있는 유대인 가정에서 태어났다. 어린 시절에는 몸이 약해 구루병과 천식을 앓는 등 끊임없이 질병과 싸워왔다. 게다가 몸집이 작은 자신에 비해 큰 키와 건강한 몸을 가진 형 지크문트에게 열등감을 가지고 있었다. 아들러는 이 같은 말을 남겼다.

"나의 어린 시절 기억 중 하나는, 내가 구루병으로 붕대를 하고 벤치에 앉아 있었는데, 내 맞은편에 건강한 형이 앉아 있는 장면이다. 형은 즐겁게 달리고 뛰면서 주변을 돌아다녔지만 나는 어떤 운동이든 늘 긴장했고, 노력이 필요했다."

아들러는 자신이 병을 앓았던 경험 때문인지 1888년 의사가 되겠다는 목표로 빈 대학 의학부에 진학한다.

열등감이란 '나는 형보다 키가 작아서 싫다', '몸이 약해서 괴롭다'는 것처럼 누군가와 자신을 비교하고 주관적으로 '나는 열등하다'고 느끼는 것이다.

한편 '열등성'이란 객관적인 속성으로 '키가 작다', '천식을 앓고 있다'는 결점이나 결손일 뿐이다. 그 '열등성'을 타인과 비교하여 주관적으로 '나는 열등하다'고 느끼게 되면 '열등감'이 된다.

아들러는 이 '열등감'이 나쁘지 않다고 말한다. 중요한 것은 그 열등감을 어떻게 활용하는가이기 때문이다.

'열등감이 있기에 비로소 성장할 수 있고, 그것을 자양분 삼아 노력할 수 있다'고 생각했던 것이다. 아들러 자신은 비록 몸이 약한 데서 오는 열등감을 가졌지만, 그로 인해 의사가 되었다.

프로이트와의 관계

아들러는 안과 의사에서 훗날 내과와 정신과 의사로 분야를 옮긴다. 그리고 프로이트를 만나게 된다. 그 후로 아들러는 자주 '프로이트의 제자'라는 오해를 받았다. 하지만 아들러가 프로이트의 제자였던 적은 단 한 번도 없었다. 1902년 프로이트의 초대에 응해 9년간 공동연구에 종사했다고 표현하는 게 적합할 것이다.

이런 에피소드가 있었다.

뉴욕의 호텔에서 '욕구단계설Maslow's hierarchy of needs'로 유명한 에이브러햄 매슬로우Abraham Harold Maslow와 아들러가 저녁 식사를 했을 때의 일이다. 매슬로우가 아들러에게 프로이트

밑에서 수업한 것에 대해 넌지시 물었다.

그러자 아들러는 몹시 화를 내며 '나는 한 번도 프로이트의 학생이었던 적도, 제자였던 적도, 지지자였던 적도 없다'고 큰 소리로 반론했다고 한다.

비슷한 일은 아들러의 60세 생일날에도 있었다.

빈 시의 명예시민 칭호가 주어지는 공식 석상에서 빈 시장이 아들러를 '프로이트의 연구에 공헌한 제자'로 소개한 것이다. 아들러는 깊이 상처받고 모욕감을 느꼈을 것이다. 그의 제자나 자녀들은 평소 아들러가 좀처럼 화내는 일 없이 늘 온후하고 관대했다고 말하기 때문이다. 따라서 프로이트의 제자 취급은 그에게 분노의 도화선이 되었다는 것을 알 수 있다.

그리고 1911년 프로이트와 헤어진 아들러는 그 이후 정신과 치료에만 머물지 않고 빈 시내의 카페에서 사람들과 만나 토론을 하며 서민으로서 심리학을 심화시킨다. 이로써 아들러 심리학은 마음이 아픈 사람이 아닌 건강한 사람, 평범한 사람을 위한 심리학으로 발전한다.

한편 의사로서 제1차 세계대전에 참전한 아들러는 그곳에서도 큰 분수령이 되었다. 1916년 아들러는 군의관으로서 큰 전쟁을 경험하며 그곳에서 많은 부상자와 트라우마로 고통받는 사람들을 만난다. 그리고 인간과 인간이 손을 맞잡고 협력하는 것이 얼마나 중요한 것인지를 느낀다.

그 후 아들러는 인간을 성장시키는 교육에 관심을 가지게 되면서 특히 아이의 교육에 대한 연구에 매진한다. 그리고 아이가 자기 능력을 발휘하여 사회에서 인정을 받을 수 있도록 적절한 교육과 지원이 필요하다고 주장한다. 환자를 보는 정신과 의사라기보다는 교육자가 되어 교육에 중요성을 두고 노력하고 싶었던 것이다.

아들러 심리학이 이해하기 어려운 이유

아들러는 오스트리아뿐 아니라 독일이나 영국 등 유럽 각지에서 강연하게 된다. 1926년에는 미국에서 첫 강연을 하기 위해 여행을 떠나기로 했다. 미국에서 인기를 얻은 아들러는 1930년대 미국에서 강연료가 가장 비싼 강연자로서 개인 운전기사를 두고 미국 전역을 다니게 되는 명성까지도 얻게 된다.

이 시기에 아들러의 책이 영어로 출간되는데, 그 책이 매우 이해하기 어려웠다. 왜냐하면 56세까지 영어와 무관한 생활을 해온 아들러는 영어가 모국어 수준이 아니었기 때문이다.

미국에서 유명 인사가 되어 1930년대에는 미국에서 생활하는 일이 잦아진 아들러는 바쁜 강연 일정에 쫓기는 나날을 보내게 된다. 책을 집필할 시간도 아까운, 일 중독 상태였던 아들러의 유일한 취미는 할리우드 영화를 보는 것이었다. 그래서 일상적인 대화에는 불편함 없이 영어를 구사했지만, 강연이나 책을 집필하는 것은 다른 문제였다. 독일어 말투의 영어로 강연한 내용을 토대로 출판해야 하는데, 그때의 상황은 원고를 차분히 퇴고할 어휘력도 시간도 없어서 편집자에게 맡길 수밖에 없었다. 이 때문에 아들러의 책은 몹시 이해하기 어려웠고, 아들러 심리학은 어렵다는 인상을 안겨주는 빌미가 되었다.

또한 1927년 미국에서 W. 베란 울프에 의해 번역되어 출판된 《인간을 이해하는 심리학》이라는 책이 있다. 아들러의 강연을 토대로 만든 책이다. 이 책을 출간한 그린허그 출판사는 철학적 혹은 과학적 책이라기보다 셀프헬프 책으로 판매했기 때문에 이해하기 어려운 책이었지만 순식간에 10만 부 이상이 팔렸다. 1920년대를 통틀어 프로이트 관련 도서의 매출 전부를 웃돌 정도였다.

이 같은 인생을 보낸 아들러였지만, 그 끝은 갑작스럽게 찾아왔다. 1937년 5월 유럽으로 강연 여행을 떠난 아들러는 영국 스코틀랜드의 한 호텔에 묵게 된다. 그리고 호텔 주변을 산책하러 나갔는데, 갑자기 심장발작으로 거리에 쓰러지고 만다.

아들러는 재빠르게 구급차로 이송되었지만, 이동 중에 차 안에서 숨을 거두게 된다. 그의 나이 67세였다.

트라우마는 있다

서양에서는 살아 있는 동안 오래도록 인기 있던 아들러였지만 동양에서의 인기나 지명도는 그리 높지 않았다. 그의 이름이 본격적으로 알려지게 된 계기는, 앞에서도 언급했던 《미움받을 용기》가 출간되면서였다. 아들러 심리학을 철학자와 청년의 대화 형식으로 해설하여 베스트셀러가 되었다. 나중에 출간된 《행복해질 용기》와 함께 전 세계적으로 1,200만 부가 넘게 팔렸다.

즉, '미움받을 용기'라는 제목에 있듯 인간관계로 고민하는 사람, 미움받을 용기를 갖지 못한 사람에게 인기를 얻은 측면이 있다. 이것은 두 가지 성질과 관련이 있다고 생각한다. 바로 '동조 압력'과 '인정 욕구'다.

사람들은 '모두 같아야 한다'는 보조 맞추기를 요구하는 동조 압력이 강하고, 또한 '모두에게 사랑받고 싶다', '미움받고 싶지 않다'는 인정 욕구가 강한 경향이 있다. 여기에 '미움받을 자유가 있다'는 말이 강렬히 꽂힌 점도 있지 않을까?

단, 곤란한 점도 있다. 아들러라고 하면 입문자들은 순간적으로 '트라우마는 존재하지 않는다'는 설과 '과제의 분리'를 떠올리곤 한다.

결론부터 말하면, 이 두 가지는 아들러 심리학을 파악하는 방법으로 충분하지 않다. 분명히 아들러 책에는 이처럼 쓰여 있다.

'어떠한 경험도 그 자체로는 성공의 원인도 실패의 원인도 아니다. 우리는 자기 경험에 의한 충격—소위 트라우마—에 고통받는 게 아니라, 경험 속에서 목적에 부합하는 것을 찾아낸다. 자신의 경험에 의해 결정되는 게 아니라 경험에 부여하는 의미에 의해 자신을 결정하는 것이다.'

이 문맥에서는 경험의 일례로서 '소위 트라우마'라 말하고 있다. 이것은 '어떤 것을 경험하든 그 경험만으로 자신의 미래가 결정되지 않는다'는 것이다.

예를 들어 부모에게 학대받은 경험이 있는 모든 사람이 비행을 저지르거나 인생이 고통스럽기만 한 건 아니다. 부모에게 학대받았기에 자신의 아이는 절대 학대하지 않겠다고 굳게 결심하고 실행에 옮기거나 아동학대 방지를 위해 활동하기도 한다. 결국 부모에게 학대받은 경험만으로 그 후의 인생이 정해지는 것은 아니다. 건설적인 방향으로 살아갈 것인지, 비건설적인 방향으로 살아갈 것인지는 스스로 선택할 수 있다는 이야기다.

물론 경험의 영향을 받기는 한다. 그러나 학대로 인해 영향을 받아도 결정타가 되지는 않는다. '트라우마는 있고, 그 영향을 받는다. 그러나 그것을 자양분으로 삼아 스스로 그 후 인생의 방향성을 결정할 수 있다'는 이야기다.

아들러 자신도 제1차 세계대전에 오스트리아 군의관으로 참전하고 그 전쟁의 소용돌이 속에서 트라우마로 고통받는 수많은 병사를 치료했다. 그 경험으로 '트라우마는 없다'고 말하지 않는다.

과제의 분리는 인간관계의 최종 해결책이 아니다

《미움받을 용기》에서는 '과제의 분리'로도 오해를 안겨준다. 이것은 저자보다는 독자의 오해에 의한 것으로 보인다. 여기서 간단히 '과제의 분리'에 대해 설명해 보겠다.

연인과 데이트하는 중에 연인의 기분이 언짢아졌다고 가정해 보자. 그때 무심코 '내가 무슨 쓸데없는 소리를 했나?', '어느 부분에서 내가 마음을 상하게 했지?'라고 신경 쓰는 사람이 있다. 그러나 당신이 어떤 말이나 어떤 태도를 하든 기분이 언짢은 것은 어디까지나 상대의 문제다. 똑같은 말을 하고 똑같은 태도를 보여도 기분이 언짢아지는 사람과 그렇지 않은 사람이 있기 때문이다. 따라서 그 사람이 언짢은 것은 그 사람의 문제, 그 사람의 과제로 당신이 신경 쓸 필요는 없다. 이러한 의미가 '과제의 분리'다.

분명 대인관계에서 상대의 태도에 일희일비하면 이리저리 휘둘리게 된다. 상대에게는 상대의 생각이 있다. 상대에게는 상대 나름으로 받아들이는 방식이 있다. 그렇게 생각하고 지나치게 신경 쓰지 않는 것이 중요하다.

또한 '상대의 문제, 과제'라는 생각에서 상대의 표정을 지나치게 살피지 않고, 자기답게 행동하고 자기 생각을 말할 수 있다.

그 때문에 '인간관계가 편해졌다', '미움받을 용기를 가지면 타인의 표정을 신경 쓰지 않고 자기답게 행동할 수 있었다'며 도움받은 사람도 많을 것이다. 이것은 중요한 부분이다. 하지만 과제의 분리는 인간관계로 고민하는 사람의 최종 해결책이 아니다.

공동 과제를 위한 과제의 분리

예를 들어 부모-자녀 관계를 생각해 보자. 부모가 '방 청소를 해'라고 말했을 때 아이가 기분 나빠했다고 가정해 보자. 아이가 기분이 나쁜 것은 아이의 과제다. 아이가 방 청소를 하지 않는 것도 아이의 과제다.

그러나 이때 과제의 분리를 하여 부모가 아이에게 '나는 아이가 방 청소를 하길 바라지만, 그런 나의 생각을 아이가 어떻게 받아들이고 행동할지 말지는 어디까지나 아이의 과제이지 나의 과제가 아니다'라는 태도를 보였다고 하자. '이것은 당신의 과제이지, 나의 과제가 아니다'라는 태도인 것이다. 하지만 거기서 끝내면 부모의 마음은 편해도 아이는 외면당했다고 느낄지 모른다. 아이는 부모가 '자신을 소중히 여기지 않는다'고 느끼기도 한다는 것이다.

따라서 부모가 '방 청소를 해'라고 제안하고 최종적으로 방을 치울지 말지는 아이의 과제이지만 '같이 생각해 보자'라는 '공동 과제'를 설정하는 것이다. 이 공동 과제의 설정이 인간관계로 고민하는 사람을 위한 최종 해결책이고, 매우 중요한 핵심이다.

방 청소를 했으면 하는 것은 부모의 과제다. 부모가 멋대로 아이에게 거는 기대다. 아이가 그것을 어떻게 받아들일지는 아이의 과제다. 부모가 '아이가 말을 듣지 않는다'고 화내거나 '청소해!'라고 일방적으로 윽박지르면 아이의 과제에 흙발로 들어서게 되어버린다.

이 경우에 과제의 분리를 이용하여 일단 서로의 과제를 분리하고, 그다음에 서로가 협력하여 힘 쏟을 과제로서 공동 과제를 설정하는 것이다. '저녁 식사 전까지는 정리해라', '상자에 들어 있는 것만이라도 먼저 치울 수 있다'는 방식이나 기한에 대하여 차분히 상의하는 것이다.

결국 과제의 분리는 뒤얽힌 인간관계의 실타래를 풀기 위한 것이다. 그 끝에는 반드시 협력 관계를 두어야 한다.

과제의 분리는 소위 공동 과제의 전 단계다. 하지만 '주의를 줬는데 말을 듣지 않는다'거나 '제대로 가르쳤는데 아무것도 달라지지 않는다'고 화내는 부모가 적지 않다.

이 같은 이야기는 '내가 ○○○했는데 상대는 변하지 않는다'는 고민을 부모-자녀 관계에서도 상사-부하 관계에서도 친구 관계에서도 부부 관계에서도 흔히 볼 수 있다. 그리고 이것이 인간관계를 꼬이게 만드는 원인이 되기 일쑤다.

이러한 고민에 나의 과제와 상대의 과제를 구분하고(과제의 분리), 그 이후 서로 어떻게 하면 좋을지를 차분히 이야기 나누는 것이 공동 과제다.

과제의 분리 일면만이 다뤄지고 평가받은 듯 보이는데, 본래는 협력을 위한 절차 중 하나일 뿐이다.

인간은 연약하기에 집단을 만든다

아들러 심리학의 본질에는 '인간이란 무엇인가?'라는 물음이 있다. 인간은 한 개체로 보면 약한 생물이다. 연약하기에 무리를 짓고, 서로 협력하고 도구를 다루게 되었기에 살아남았다. 코끼리나 호랑이, 곰보다 약한 인간이 만물의 영장이 될 수 있었던 것은 집단을 만들고 서로 협력했기 때문이다.

그렇게 하여 살아남은 인간이기에 집단·사회·공동체라는 존재는 중요하다. 집단·사회·공동체 없이 인간은 존재할 수 없고, 그 같은 생각이 아들러 심리학의 기본이다.

아들러 심리학에서 가장 중요시되는 사고방식에 '공동체 감각'이라는 것이 있다. 공동체 감각이라는 말이 익숙하지 않은 사람도 있을 것이다. 또한 아들러 심리학에 관한 책을 읽은 사람이라면 '아, 그거!'라고 알아차리는 사람도 있을 것이다.

아들러 심리학에서 공동체 감각은 가장 중요한 이론 중 하나로 꼽고 있다. '가장 먼저 배워야 한다'고 말할 정도다. 여기서 말하는 '공동체'란 인간 집단을 말한다. 따라서 작게는 가정이나 직장이 해당되고, 크게는 지역 사회, 국가도 공동체다. 공동체 감각이란, 공동체에 있는 사람에게 관심을 가지고 그들을 믿고 그들의 행복이나 성장에 도움이 되고자 하는 신뢰감이나 공감, 공헌감을 말한다. 나아가 소속해 있는 공동체에 대하여 '내가 있을 곳이 있다', '여기에 있으면 안심할 수 있다'고 느끼는 소속감을 가리킨다.

즉, 공동체 감각이란, 이러한 공동체에 대한 소속감, 공감, 신뢰감, 공헌감을 총칭한 감각, 감정을 말한다.

아들러 심리학에서는 이 공동체 감각을 많이 가진 사람이 '사회를 위해 자신이 무엇을 할 수 있는가', '팀원을 위해 자신은 어찌해야 하는가'를 생각하고 행동한다고 말한다. 카운슬링이나 교육에 있어 목표이기도 하고, 건전한 정신을 판단하는 기준이기도 하다.

아들러 심리학은 자주 '공헌의 심리학'이라고 하는데, 그것은 이 공동체 감각을 중요시하는 자세에서 온 것이다.

인간은 연약하기에 목표를 향해 노력한다

앞에서도 말했듯이 인간은 개체로서는 약하고 불완전한 생물이다. 약하고 불완전하다는 의식, 그것이 오히려 자극으로

17

작용하여 사고나 정신을 발달시킴으로써 살아남은 인류다.

인간은 날개가 없어 새처럼 날기 위해 비행기를 만들고, 물고기처럼 헤엄칠 수 없기에 배를 만들었다. 이처럼 인간은 약하고 불완전함을 보완하기 위해 늘 목표를 향해 노력하는 행동 습성이 있다고 믿는다. '목표의 모습'과 '현재의 모습'에 차이가 있기에 그 목표에 조금이라도 다가가기 위해 노력하는 것이다.

인간은 누구라도 진화할 가능성을 가지고 있다. 그리고 목표를 향해 노력한다. 아들러는 그렇게 믿었다. 이 목표를 향해 노력하는 습성은 인간의 행동이나 감정에서도 마찬가지다.

예를 들어 어떤 젊은 부하 직원이 상사에게 반항한다고 가정해 보자. 이 경우, 상사가 원인이라고 말하는 사람이 있다. 그러나 같은 상사라도 반항하는 부하 직원이 있으면, 그렇지 않은 부하 직원도 있다. 그렇기 때문에 상사에게 원인이 있는 건 아니다. 반항적인 태도를 보이는 것은 그 젊은 부하 직원에게 '일하기 싫다'는 목적이 있기 때문이다. 목적, 목표가 잘못된 방향, 비건설적인 방향에 있을 뿐이다. 인간의 모든 행동, 감정에도 목적, 목표가 있다. 이렇게 생각하는 것이 아들러 심리학이다.

또한 툭하면 화를 잘 내는 사람 중에 이런 말을 자주 하는 사람이 있다고 가정해 보자. "나도 모르게 화가 치밀었어요. 하지만 그런 말을 하는 저 사람이 나쁘죠." 그러나 울컥 화가 났다고 해도 상대가 누구든 다 그런 건 아니다.

상대가 여성이나 약한 사람이라면 화가 났다고 해도, 상사나 덩치가 큰 상대라면 어땠을까? 화내지 않았을 수도 있다. 결국 화를 내는 것도 상대 나름으로, 이 행동에는 분명 목적이 있다. 화를 내는 목적은 때때로 '상대를 자기 뜻대로 움직이고 싶다', '상대를 바꾸고 싶다'는 것이다.

즉, 인간의 감정이나 행동에는 원인이 있는 것이 아니라 목적이 있다. 아들러 심리학의 기본 사고방식에 이런 것이 있다.

100년이 넘었지만 지금도 새롭다

아들러 심리학은 100년이 지나도 여전히 새롭다. 오히려 시대를 앞서가는 듯하다.

아들러는 수평 관계를 중요하게 생각한다. 상하 관계로 인간관계를 파악하는 것은 정신적 건전성을 해친다고 보았다. 인간에게 역할의 차이는 있어도 위아래는 없다. 이것은 부모와 자녀, 교사와 학생, 카운슬러와 클라이언트도 마찬가지다.

나는 자주 직장인을 대상으로 세미나나 연수, 강연을 하는데, 상사와 부하 직원은 역할이 다를 뿐 입장에는 차이가 없다고 말한다. 상황적으로 상사는 상사라는 역할이 있을 뿐이지 부하 직원보다 인간으로서 위에 있는 건 아니다. 인간에게 위아래는 없다.

게다가 지금 '심리적 안전성'이라는 말이 비즈니스 분야를 중심으로 널리 퍼지고 있다.

'생산성이 높은 팀은 심리적 안전성도 높다.'

현재 구글이 실천하고 있는 유명한 사고법이다. 심리적 안전성이 있는 팀에서는 서로 자신의 의견을 말하기도 쉽고, 협력하며 건설적인 활동이 가능하지 않을까?

이 심리적 안전성과 아들러 심리학에서 중요한 개념이라 말한 공동체 감각은 매우 가까운 사고법이다. 앞에서도 언급했듯이 공동체 감각이란 공동체에 대한 소속감, 공감, 신뢰감이나 공헌감을 총칭하는 감정, 감각이다. 공동체에 대하여 '내가 있을 곳이 있다', '여기에 있으면 안심할 수 있다'는 소속감을 느낀다.

'사회 안에 자신이 있을 곳이 있다', '이 조직에 있으면 안심할 수 있다'는 감각도 중요하다. 그런 감각이 있기에 사람은 자기다움을 살려 느긋하게 공동체에 공헌하는 것이라고 말하고 있다. 이런 점에서 심리적 안정성과 공동체 감각은 비슷해 보인다.

그리고 100년이 지난 지금도 아들러의 말이 새롭게 느껴지는 데에 놀라움을 금치 못한다.

공헌의 심리학

사람은 저마다 다르다. 그것은 당연하다. 물론 능력에 차이가 있고, 유전적으로 다르기도 하다. 하물며 개성도 제각기 다르다.

한 사람, 한 사람 제각기 다른 인간이 모인 공동체라도 동료에게 신뢰감을 가지고, 자신의 역할을 다하고, 동료를 위해 무엇을 할 수 있는지, 사회를 위해 어떻게 해야 하는지를 생각하는 것이 중요하다. 이것이 공동체 감각이다.

이 공동체 감각은 '서로 사이좋게 지내자', '끈끈하게 지내자'와는 또 다른 사고방식이다. 신뢰 관계나 파트너십이 있고 서로의 공통 목적을 위해 자신은 무엇을 할 수 있는지를 생각하는 것이라 말할 수 있다.

2023년 WBC(월드 베이스볼 클래식)에서 일본 야구팀이 우승했다. 오타니 쇼헤이 선수의 눈부신 활약을 기억하는 사람도 적지 않을 것이다.

개성도 능력도 다른 프로 선수들이지만, 그렇다고 친밀하게 사이가 좋았던 것은 아니었을 것이다. 사이좋게 밥을 먹으러 가거나 친근하게 이야기를 나누지도 않았을 것이다.

하지만 서로를 존중하고 신뢰하고 팀의 승리를 위해서 자신은 무엇을 할 수 있는지를 각자가 생각한 결과로 우승한 게 아닐까.

WBC의 예처럼 공동체를 위해, 결국 가족을 위해, 팀을 위해, 조직이나 회사를 위해, 사회를 위해 '나는 무엇을 할 수 있는가'라는 공헌의 관점을 매우 중시하는 것이다.

아들러가 '공헌의 심리학'이라고 불리는 것은 바로 여기에 있다.

아들러 심리학은 실천할 때 비로소 빛난다

아들러 심리학은 '실천'의 학문이기도 하다. 나는 그렇게 생각한다. 아들러를 알리기 위해 40년 넘게 비즈니스 현장을 중심으로 강연 활동이나 연수, 세미나를 해왔다. 아들러와 마찬가지로 나는 서재에만 틀어박혀 있는 사람이 아니다. 사람들과 이야기를 나누고 교류하면서 사람들 속으로 들어갔다.

그리고 '아들러의 사고방식이 무엇인지', '아들러가 지향한 세계는 무엇인지'를 전해왔다. 그 집대성이라고 할 수 있는 한 권을 이 같은 형태로 내놓게 되어 기쁘게 생각한다.

아들러의 인기에 힘입어 수많은 책이 출간되었지만, '아들러의 말'임에도 아들러 본인이 말하지 않은 말이 적지 않다. 하지만 아들러 자신이 말한 듯 퍼져나가고 있다.

그러나 이 책은 《초역 아들러의 말》이다. 앞에서도 말했듯이 아들러의 말은 어렵다고 생각하기 쉬운데, 그 아들러의 말을 현대를 살아가는 우리가 이해하기 쉽게 나 나름으로 초역해 보았다.

이 책을 손에 든 당신에게 감사하다.

깊이 마음에 꽂힌 말, 시점이 180도 달라지는 말, 용기를 얻는 말 등이 있다면 꼭 수첩에 적어보자. 그리고 때때로 펼쳐 읽어보자. 자신감을 잃을 때, 좌절할 때, 어려움에 처했을 때 분명 당신에게 힘이 되어줄 것이다.

이 책이 당신에게 도움이 되기를 진심으로 바란다.

이와이 도시노리

차례

II. 인간관계의 고민에 대하여

III. '일한다'는 의미에 대하여

V. 용기에 대하여

VIII. 배움과 실천에 대하여

IX. 교육의 중요성에 대하여

X. 사랑과 결혼에 대하여

I

인간에 대하여

인간은 집단을 만드는 생물이다

인간은 항상 집단을 이루며 살아왔다. 이 사실은 인간
은 개체로서는 자신을 지킬 수 없다는 것이다. 그리하
여 스스로를 지키기 위해 무리·집단을 만든다고 생각
하면 그리 놀라운 일도 아니다.

이것은 역사적으로 봐도 알 수 있다. 인간은 하나의
종으로서 너무 약하고 위태로운 존재였다. 인간보다
신체적으로 우월한 무기를 가진 동물이 많다. 인간과
사자를 비교해보면 금방 알 수 있다. 다윈*은 관찰을
통해 스스로 몸을 지킬 강인함을 가지지 않은 동물은
무리 지어 살아간다는 것을 발견했다.

_어린이의 교육

* 다윈: 찰스 다윈(1809~1882). 영국의 자연과학자로 진화론을 제창
  했다.

인간은 약한 동물이다

다윈에 의하면, 약한 동물은 혼자서 살아갈 수 없다. 인간은 특히 약한 동물 중 하나로, 혼자서 살아갈 만큼 강하지 않다.

인간은 자연계에서 너무도 무력하다. 생명을 부지하기 위해서는 도움이 되는 대다수의 문명 수단이나 도구가 필요하다. 이것은 한 사람이 홀로 문명 수단이나 도구 없이 산속에서 생활하는 상황을 상상해 보면 쉽게 알 수 있다. 인간은 다른 동물에 비해 더 위험한 상태에 있다고 할 수 있다. 다른 동물과 싸우고 생존에 필요한 빠른 발을 가지고 있지도 않고, 강한 근력도 없다. 맹수의 이빨, 예리한 청각, 멀리까지 보는 시력도 가지고 있지 않다. 인간이 멸망하지 않고 살아남기 위해서는 엄청난 노력이 필요한 것이다.

_인간을 이해하는 심리학

인간은 사고와 정신을 발달시켰다

동물과 같은 환경에 있던 인간 종족이 날카로운 뿔이나 이빨 등을 진화시켜 혹독한 자연계에서 살아가려고 했다면 생존은 매우 어려웠을 것이다.

그래서 인간은 사고와 정신 같은 두뇌를 진화시키는데 성공했다. 이것들이 유기체인 인간에게 부족한 부분을 보완했다. 그리고 항상 '불완전하다', '열등하다'는 의식이 있었기에 인간은 예견 능력을 발달시켰고, 사고·감각·행동을 위한 기관으로서 정신을 발달시켰다. 그렇게 집단을 이루고 사회를 형성하게 됐다.

따라서 정신력은 사회 안에서만 발달한다. 인간의 어떤 정신도 공동체·사회에 부합하는 것이어야 한다.

_인간을 이해하는 심리학

언어가 있기에 생각할 수 있다

언어는 크고 깊은 의미를 지닌다. 논리적 사고는 언어가 있어야 가능하다. 언어가 있어야 생각을 하고 개념을 만들어낸다. 그럼으로써 우리는 모든 사물을 구별하고, 자신의 머릿속에 있는 것이 혼자만의 것이 아닌 타인과 공유할 수 있는 것이 된다.

우리의 사고도 감정도, 사람마다 각기 다른 고유한 것이 아니라 어느 정도 보편적이고 공통적인 것으로 인식될 때만 이해할 수 있다. 우리가 아름다운 것을 보고 그 감동을 표현하는 것도, 선함과 아름다움에 대한 감정이나 인식을 공유할 수 있다고 믿기에 가능한 것이다. 이성이나 논리, 윤리, 미의식이라는 개념은 인간 사회에서 함께 살아가기 때문에 성립한다. 그와 동시에 그 개념은 문화를 붕괴로부터 지키고 우리를 하나로 묶어주는 역할을 한다.

_인간을 이해하는 심리학

사회 적응을 위한 심리학

개인심리학(아들러 심리학)*의 목적은 사회에 적응하는 것이다. 개인심리학이라 명명하면서 사회와 모순된다고 생각하는 사람도 있을지 모른다. 하지만 모순이 아니다. 사실 개인의 마음·의식·정신에 주목하지 않으면 사회의 중요성을 이해할 수 없다. 개인이 개인일 수 있는 건 사회 안에 있을 때뿐이다.

다른 심리학 분야에서는 개인과 사회를 구별한다. 개인은 개인이고, 사회는 사회다. 그러나 개인심리학은 개인의 생활양식을 분석하면서도 사회 적응이라는 시점도 가지는 학문이라 할 수 있다.

_살아가는 데 중요한 것

---

* 서양에서는 '개인심리학 Individual Psychology'으로 불리고 있지만, 동양에서는 개인이라고 하면 사회와 대비된 개인을 위한 심리학이라는 뉘앙스가 강하여 '아들러 심리학'으로 통하고 있다.

움직이기에 마음을 가진다

마음·정신은 움직이는 살아 있는 유기체에만 있다.
마음·정신은 자유로운 움직임과 밀접한 관련이 있다.
땅에 깊이 뿌리 내린 식물에는 감정이나 사고가 존재
할 수 없다. 식물은 '움직일 수 없는데도 고통이 찾아
올 것을 안다', '고통스러운 상황을 예측할 수 있는데
도 그 상황으로부터 자신을 보호할 수 없다', '이성과
자유 의지를 가지고 있는데도 이성과 의지를 사용해
서는 안 된다'는 식의 생각은 존재하지 않는다.

마음·정신이 자유롭게 움직이는 것은 관련이 있기
때문에 마음·정신이 없는 식물과 있는 동물을 확연히
구별할 수 있다.

_인간을 이해하는 심리학

인간은 완성·완전을 목표로 노력한다

아들러 심리학은 인간의 진화를 빼놓고는 생각할 수
없다. 인간은 다른 동물과 비교하면 진화라는 점이 주
목할 만한 존재다. 이를 뒷받침하는 것은 불완전하고
약하기 때문에 완성·완전을 목표로 노력한다는 인간
의 행동이다.

생존을 갈망하는 인간의 욕망과 완성·완전을 목표로
하는 노력이 단단히 엮여 있다. 따라서 우리 인간의
말과 행동은 항상 부정적인 상황을 긍정적인 상황으
로 바꾸려는 목표를 가진다.

_살아가는 의미를 찾아서

인간은 태어날 때부터
끊임없이 성장하려 노력한다

정신은 움직이기에 존재하고, 목적을 향해 노력하도록 만들어졌다. 인간은 어린 아기일 때부터 끊임없이 성장하려 노력하는 존재다.

목적이란 '완벽해지려는 것', '뛰어나고자 하는 것', '이상에 다가가려는 것'이다. 이 목적과 노력은 인간 고유의 능력인 사고와 상상력을 구사하여 평생 동안 우리의 모든 행동에 관여한다.

_어린이의 교육

감정에는 목적이 있다

인간은 목적을 설정해야만 감정이 생긴다.
우리는 그 사실을 제대로 인식해야 한다.

_인간을 이해하는 심리학

내면을 이해하는 단서

인간은 사건이나 경험을 자신의 특성에 맞게 재구성해서 받아들인다. 그래서 인간이 '무엇을 느끼는지', '어떻게 느끼는지'에는 그 사람만의 독자적인 특성이 드러난다.

인간의 인지·이해는 단순한 물리적 반응이 아니다. 과학처럼 '열을 가한다 →끓는다'는 식으로 원인과 결과가 일치하지 않는다. 같은 자극을 주어도 다른 반응을 보인다. 그것이 정신적인 구조다.

따라서 그 사람이 무엇을, 어떻게 느끼는지 그 방법이나 종류, 상태는 그 사람의 내면을 깊이 이해하는 단서가 될 수 있다.

_인간을 이해하는 심리학

물리적 반응과
인간 반응은 차이가 있다

행동주의자*가 주장하는 '본능적인 조건 반사'나 '충동적인 반응'에는 동의하지 않는다. 똑같은 자극이라도 똑같은 반응을 보이는 건 아니다. 그것이 물리적 반응과 인간 반응의 차이점이다. 질서 정연하게 줄 서 있는 상황에서 새치기했을 때, 여성이라면 화를 내고, 인상이 험악해 무서워 보이는 사람이라면 잠자코 있는다. 우리 인간에게는 그런 일이 일어날 수 있다.

그 사람의 운명이나 생활양식을 '반사'나 '충동'으로 결정하는 것은 무의미하다. 그 사람을 부채질하는 목적이 무엇인지, 그것을 이해해야만 한다.

살아가는 데 중요한 것

---

* 행동주의자: 심리학의 유파 중 하나로, 감정이나 의욕이라는 내적인 것이 아니라 눈에 보이는 관찰할 수 있는 행동을 연구 대상으로 한다.

불행은 자신이 선택한 것이다

마치 자기에게만 불행의 신이 쒼 듯 행동하는 사람(예를 들어, 태풍이 몰아치는 날 자신에게 번개가 떨어지고, 도둑이 자기 집에 숨어 들어올 거라는 두려움에 시달리는 사람)이 있다. 그런 사람은 인생에서 혹독한 일을 당하면 항상 불행이 자신을 선택했다는 식으로 생각한다. 하지만 그렇지 않다. 오히려 자신이 불행을 선택한 것이다.

_성격의 심리학

아이마다 경험을
받아들이는 태도가 다르다

아이는 자신만의 지극히 개인적인 해석(시점)을 하면
서 성장한다. 새로운 어려운 문제에 부딪혔을 때도 아
이는 자기만의 해석으로 행동한다는 것을 염두에 둬
야 한다.

어떤 경험(예컨대, 동생이 태어났을 때)이 아이에게 미치
는 영향의 정도나 종류는 객관적인 사실이나 상황에
따라 달라지는 것이 아니다. 이 아이가 이 경험을 어
떻게 받아들이느냐에 따라 달라진다. 동생이 태어났
을 때, 동생을 보살필지, 부모에게 응석을 부릴지, 혹
은 자립할지는 그 아이에 따라 달라진다.

따라서 '인과론' 즉, 결과 A에는 정해진 원인 B가 있
다는 사고방식을 깨뜨리기에 충분한 근거일 것이다.

_어린이의 교육

인간의 관점은 제각각이다

사물을 보는 관점, 받아들이는 방식은 십인십색^{十人十色}
으로, 사람마다 제각기 다르다. 사람은 각각의 사고나
경험을 그 사람만의 독자적인 방식으로 받아들인다.
따라서 중요한 것은 그 사람이 '어떤 경험을 했는지'
가 아니라 '그 경험을 어떻게 받아들였는지'다.

_살아가는 의미를 찾아서

주어진 것에 대한 중요성

인간은 '무엇을 가지고 태어났는지'가 중요하지 않다.
'주어진 것을 어떻게 활용하느냐'가 중요하다.

_사람은 왜 신경증이 되는가

경험의 의미는 자신이 정한다

어떤 것을 경험했다고 해도 그 경험 자체는 성공의 원인도, 실패의 원인도 아니다. 우리는 자신이 겪은 충격적인 경험으로 인한 트라우마에 고통받는 게 아니라, 그 경험에서 자신의 목적에 맞는 것을 발견한다고 말할 수 있다. 즉, 그 경험이 있었기 때문에 지금의 현실이 있는 것이 아니라, 이 현실에 맞게 그 경험을 자기 나름으로 해석하고 의미를 부여하는 것이다.

똑같은 경험을 했다고 해도 모든 사람이 같은 크기의 트라우마를 가지지는 않는다. 또한 이런 일을 당했기에 사회를 위해 할 수 있는 일이 있다고 생각할지, 이런 일을 당했기에 다시는 일어설 수 없다고 생각할지는 스스로 선택할 수 있다. 이 경험에 어떤 의미를 부여할지를 스스로 결정하는 것이다.

_인생 의미의 심리학 上

마음과 몸은 서로 영향을 주고받는다

아들러 심리학은 한 인간의 인생을 전체적으로 파악하려는 학문이다. 이성과 감정, 마음과 몸을 따로 떼어놓고 생각하지 않는다. 신체가 다치면 정신에도 영향이 미치고, 정신적으로 힘든 일을 겪으면 두통이나 복통 등 신체에 영향이 나타나기도 한다.

따라서 아들러 심리학은 인간을 전체적으로 보는 학문이다. 그 사람의 모든 반응, 행동, 감정 안에 인생에 대한 방식이 표현된다고 생각한다.

_살아가는 데 중요한 것

마음도 몸도 생명의 일부다

아들러 심리학은 마음과 몸을 인간 생명의 표현으로
본다. 마음도 몸도 '생명'이라는 전체의 일부분인 것
이다. 그리고 아들러 심리학은 마음과 몸이 서로 영향
을 주고받는 상호 관계를 인간 전체, 생명 전체에서
보고 이해하려고 한다.

인생의 의미의 심리학 上

의식과 무의식은 대립하지 않는다

의식과 무의식은 대립하는 존재가 아니다. 의식과 무의식은 한 사람 안에 정반대로 존재하는 것으로 보지 않는다. 의식적인 삶도 자칫하면 어느새 무의식의 것이 될 수 있다. 한편으로 무의식적인 행동이라도 그 성향을 이해하면 그것은 이미 의식적인 행동이 된다.

_사람은 왜 신경증이 되는가

II

인간관계의 고민에 대하여

타인에게 관심을 기울이자

충실한 인생을 살고 있는 사람이 있다. 그런 사람들은
타인에게 관심을 기울이는 것, 타인과 협력하는 것의
중요성을 충분히 알고 행동한다.

동료들과 잘 의논하고, 그 바탕 위에서 서로 협력하며
행동한다. 만일 곤란한 일이 있더라도 해결 방법은 사
회에 이익이 되는 수단 중에서 해결하려고 한다.

_인생 의미의 심리학 上

혼자 살면서 홀로 대처하지 마라

우리 주변에는 타인이 존재한다. 그리고 우리는 타인
과 관계하며 살아가고 있다.

인간은 개인으로는 나약하고 한계가 있기에 혼자서
는 자신의 목표를 달성할 수 없다.

만일 혼자 살면서 문제를 해결하려 한다면, 우리는 멸
망할 것이다. 자신에게 소중한 인생을 이어갈 수 없
고, 더군다나 인류의 종족 보존도 어려울 것이다.

_인생 의미의 심리학 上

인간 사회에서 실패자의 모습

인생에서 큰 어려움을 만나거나 타인에게 큰 해를 끼치는 사람은 친구(동료)에게 관심이 없는 사람이다.
인간 사회에서 일어나는 모든 실패는 그런 사람들이 일으킨다.

_인생 의미의 심리학

우정만이 공감을 키운다

공동체 감각을 키우는 방법 중 하나가 우정이다.
우리는 우정을 통해 상대방의 눈으로 보고, 상대방의
귀로 듣고, 상대방의 마음으로 느끼는 방법을 배운다.

_인생 의미의 심리학 下**

공감으로 소통하라

우리가 안고 있는 문제의 대부분은 대인관계의 문제다. 대인관계의 문제를 해결하려면 '그 사람이 어떻게 생각하고 있는가'보다 '그 사람에 대한 공감'을 바탕으로 상대와 소통하는 게 좋다.

_인생 의미의 심리학 下

질투는 모든 인간관계에서 나타난다

질투는 남녀의 애정 관계뿐만 아니라 모든 인간관계
에서도 나타나는 감정이다. 아이를 보면 쉽게 알 수
있다. 다른 형제보다 우위에 서고 싶고, 뛰어나고 싶
어서 마음속으로 질투의 감정을 키우고 적대시하려
한다.

_성격의 심리학

질투는 사람을 속박하는 수단이다

질투는 불신하고, 은근슬쩍 눈치를 살피는 것이 특징이며, 얕잡아 보는 것은 아닌지 두려워하는 태도라고 할 수 있다. 질투는 상대방을 헐뜯고 공격하는 데 도움이 된다. 하지만 진짜 목적은 그 사람에게서 자유를 빼앗고 그 사람을 속박하려는 것뿐이다.

_성격의 심리학

적대심은 인생을 힘겹게 한다

주변 사람들에게 적대심을 가지기 쉬운 사람은 불안
감이 큰 성향이 있다. 그러나 그런 태도는 자신의 인
생을 더 힘들게 만들고, 사회로부터 고립되는 결과를
초래하게 된다. 결국 평온하고 유익한 삶에서 멀어지
게 된다. 두려움이나 불안은 인생의 모든 장면과 관련
이 있기 때문이다.

_성격의 심리학

질투의 감정을
현명하게 활용해야 한다

질투는 인간관계에서 흔히 볼 수 있는 감정 중 하나로 그 영향력도 크다. 질투하는 것은 열등감이 있기 때문이다. 물론 어떤 사람이든 남을 부러워할 수는 있다. 약간의 질투라면 해로울 것도 없다. 지극히 정상적인 일이라고 할 수 있다.

그래서 질투의 감정을 유용하게 활용해야만 한다. '부러움'이라는 감정은 노력하거나 과제에 맞설 때 활용해야 한다. 그런 종류의 질투 감정이라면 해롭지 않다. 즉, 누구나 가지고 있는 약간의 질투심은 '문제없다'고 할 수 있다.

_살아가는 데 중요한 것

허영심은 현실을 똑바로 볼 수 없다

허영심이 일정 수준을 넘어서면 매우 위험한 것이 된다. 인간은 허영심을 가지면 현실을 똑바로 볼 수 없다. 인간관계를 고려하지 않고, 주변 사람들과 소통하지 않고, 자기 마음대로 행동하게 된다. 그리고 한 인간으로서 사회에 어떻게 공헌해야 할지를 잊어버리게 된다.

허영심은 다른 부정적인 감정과 달리 인간의 모든 자유로운 발달을 방해한다. 왜냐하면 항상 '자신에게 유리한 것은 무엇인가'만을 생각하기 때문이다.

_성격의 심리학

야심은 거대한 허영심을 감추고 있다

허영심이나 거만함 대신 '야심'이라는 단어를 사용할
때가 있다. 이 야심을 사용해서 인상이 나빠지는 것을
피하려고 할 때다.

자랑스럽게 자신이 야심가라고 말하는 사람이 적지
않다. 경우에 따라서는 '노력하는 자세'라는 의미로도
사용되지만, 이 야심은 사회에 공헌하는 일이나 공익
에 이바지하는 경우에 한해서만 인정된다. 그리고 대
부분의 야심은 거대한 허영심을 감추려는 것에 불과
하다.

_성격의 심리학

상식대로 행동하면 옳다

상식(공통감각, 집단 지성, 양심)에 의한 판단과 개인적 판단을 비교하면 대부분 상식이 옳다. 우리는 상식에 의해 좋은 것과 나쁜 것을 구별한다. 실수하기 쉬운 복잡한 상황에서도 상식에 따라 행동하면 실수가 적다. 그러나 개인적 판단으로 행동하면 좋은 것과 나쁜 것의 판단을 잘못하기 쉽다.

_살아가는 데 중요한 것

집단 지성을 활용하라

사회생활을 하면서 배우는 것과 상식은 깊은 관계가 있다. 상식을 통해 문제를 해결한다는 것은 사회에서 축적된 집단 지성을 통해 문제를 해결하는 것과 같기 때문이다.

_살아가는 데 중요한 것

사람의 내면을 이해하는 방법

한 사람의 내면을 이해하기 위해서는 그 사람의 동료
들과의 인간관계부터 살펴야 한다.

_인간을 이해하는 심리학

인간관계에서 피해야 할 사람

우리가 피해야 할 사람은 '자신의 이익만을 위해 움직이는 사람'이다. 이런 사람의 태도는 개인이나 집단에서 가장 큰 장애물이라 할 수 있다.

어떤 분야든 인간의 능력은 동료(친구)에게 관심을 가질 때 비로소 발달·발전하는 것이다.

_인생 의미의 심리학 下

III

'일한다'는 의미에 대하여

인생에는 세 가지 과제가 있다

아들러 심리학이 '인생의 3대 과제'라고 부르는 것이 있다. 그것은 '일', '친구(동료)', '사랑'이다. 이 세 가지 과제는 성인이 되어 사회에 나가면 직면하게 된다. 그리고 반드시 인간관계에서 비롯된다.

한 사람이 가진 힘은 약하고 한계가 있기 때문에 인간이라는 '종種'이 존속하기 위해서는 서로 협력해야 한다. 그래서 인간관계는 우리 존재의 핵심이라고 할 수 있다.

_살아가는 데 중요한 것

Ⅲ, '일한다'는 의미에 대하여

어떻게 살아갈 것인가

인간이 지구에서 계속 살아가기 위해서는 어떻게 해야 할까? 그것은 인간이 직업을 찾고, 동료와 서로 협력하여 그 결과로 얻은 복리를 서로 나눌 수 있는 행동을 할 수 있느냐, 없느냐의 문제에 달렸다. 나아가 인간이 남자와 여자라는 두 개의 성性으로 살아가고 있으며, 인류의 미래와 존속이 우리의 성생활에 의존하고 있다는 사실에 어떻게 적응할 것인가의 문제이기도 하다.

아들러 심리학은 세 가지 주요 과제인 일, 친구(동료), 사랑 중 어디에도 속하지 않은 인생의 문제는 없다고 말한다.

_인생 의미의 심리학 上

오늘날의 문명은
선인들의 공헌의 결정체다

현대 사회를 살아가는 인간이 누리는 모든 문명은 지
금까지 인류를 위해 공헌해온 사람들의 끊임없는 노
력의 산물이다. 만약 인간이라는 생물이 협력하지 않
고, 타인에 대한 관심이 없고, 사회에 공헌하지 않는
다면 인간의 삶은 불모지였을 것이고, 애초에 인류는
이미 흔적도 없이 지구상에서 멸망했을 것이다.

사회를 위해, 미래를 위해 공헌해온 사람들의 노력의
결정체가 지금의 세상인 것이다. 그들의 정신은 계속
살아 있고 영원하다.

우리가 아이들을 교육할 때 이 점을 기본적으로 중요
하게 가르친다면, 아이들은 자연스럽게 협력하여 일
하는 것을 좋아하게 될 것이다.

_인생 의미의 심리학 下

Ⅲ 〈일한다〉는 의미에 대하여

각자의 책임을 다하자

분업은 인간 사회를 유지하기 위해 반드시 필요하다. 누구나 모두 각자의 위치에서 각자의 책임을 다해야 한다. 이것을 공유하지 않는 사람은 공동생활을, 사회생활을, 그리고 애초에 인류의 유지를 부정하는 것이다. 결과적으로 한 사람이 일원으로서 짊어진 역할을 벗어던지고 평화를 흐트러뜨리는 사람이 된다.

'사회의 일원으로서 자기 나름의 책임을 다한다.' 이것을 잘 못하는 사람은 예의를 모르고 난폭한 데다 비굴한 사람이라고 할 수 있다. 그리고 이것이 불가능한 사람은 범죄자가 된다. 이 같은 사람들이 비난받는 것은, 결국 공동체·사회 속에서 생활하는 것과 양립할 수 없기 때문이다.

_인간을 이해하는 심리학

함께 일하는 동료나
고객의 마음을 읽어라

직장에서 성공 여부는 주변 사람들과 사회에 적응할
수 있느냐, 없느냐에 달려 있다. 함께 일하는 사람들
이나 고객의 요구를 이해하고, 그들의 눈으로 보고,
그들의 귀로 듣고, 그들의 마음으로 느낄 수 있는 능
력은 업무에서 매우 중요하다.

_살아가는 데 중요한 것

어떠한 형태로든 사회에
도움이 되는 일을 하라

정상적인 사람이란, 사회에 잘 적응하고, 자신의 일이
어떤 형태로든 사회에 도움이 되는 사람이라고 말할
수 있다. 그리고 문제가 발생하거나 곤란한 일이 닥쳐
도 충분한 에너지와 용기를 가지고 맞설 수 있는 사
람이라고도 말할 수 있다.

_살아가는 데 중요한 것

늘 자신만 생각해서는
성공할 수 없다

이 남자아이가 '사람 위에 서고 싶다'는 목적으로 일을 찾는다면 찾기 힘들 것이다. 누구의 밑에서 일하지 않아도 되는 일, 누구와도 협력하지 않아도 되는 일은 흔치 않기 때문이다.

결국 이 남자아이는 자기 자신만 생각하기 때문에 누군가의 밑에서 일하는 것은 잘 안 될 것이다. 게다가 그런 사람은 비즈니스에서도 신뢰를 얻을 수 없다. 항상 자신이 제일이기에 타인의 이익, 사회의 이익을 먼저 생각하지 않기 때문이다.

_살아가는 데 중요한 것

다양한 경험은 가치 있다

아이가 성장하는 과정에서 다양한 일을 경험하고 알아가는 것은 가치 있는 일이다. 그 과정에서 아이의 행동 패턴과 공동체 감각, 용기를 얼마나 가지고 있는지를 알 수 있기 때문이다.

_사람은 왜 신경증이 되는가

공동체 감각에 근거하는 일

'남보다 뛰어나고 싶다', '지금보다 더 잘하고 싶다'는 생각이 유익하고 건설적인 것인지, 아니면 비건설적인 것인지를 구별할 수 있다. 그것은 공동체 감각에 근거하는지에 달렸다. 지금까지 남겨진 위대한 업적, 가치 있는 큰 사건 중에서 공동체·사회에 무의미했던 것은 없었다. 우리가 대단하다고 느끼는 위대한 업적이나 사건을 떠올릴 때, 그것은 사회에 가치가 있었다. 따라서 아이에 대한 교육은 아이가 사회에 관한 연대감, 공동체 감각을 높이는 형태로 이루어져야 한다.

_어린이의 교육

행동으로 마음까지 간파하라

열등 콤플렉스는 거의 질병에 가깝다. 그리고 그 증상
이 어디에서 나타날지는 사람에 따라서, 상황에 따라
서 다르다. 열등 콤플렉스를 가진 사람이라도 일에 자
신감이 있으면 업무 범위 안에서 그 사람은 전혀 이
상함을 느낄 수 없다. 그러나 인간관계나 연애, 결혼
에서 열등 콤플렉스를 가진다면 증상이 나타난다.

따라서 그 사람의 행동을 여러 측면에서 관찰하다 보
면 그 사람이 품고 있는 마음의 문제를 꿰뚫어 볼 수
있다.

_살아가는 데 중요한 것

인생의 과제에 대해
어떤 태도를 보이는가

그 사람이 안고 있는 문제와 그에게 주어진 과제에
대해 알지 못하면, 그 사람에 대해 올바른 판단을 내
리기 어렵다. 사람이 '인생의 과제'에 대해 어떤 태도
를 취하고 있는지, 이때 그 사람 안에서 무슨 일이 일
어나고 있는지 알아야만 비로소 그 사람의 본질을 알
수 있다.

즉, 과제를 향해 나아가고 있는지, 주저하고 있는지,
멈춰 서 있는지, 겁에 질려서 걷고 있는지, 변명만 찾
고 있는지. 아니면 그것을 극복하고 성장할 것인가,
아니면 사회에 반하는 방식으로 자신을 과시하기 위
해 과제를 방치할 것인가. 그런 것을 알 수 있다.

_살아가는 데 중요한 것

조건부 향상심을 갖지 마라

'만약 내가 게으름만 피우지 않는다면 대통령도 될 수 있다'고 생각하는 사람이 있다. 이 사람의 향상심은 조건부 향상심이다. '만일', '~이 아니라면'이라는 조건이 붙어 있어 진정한 향상심이라 할 수 없다. 자신을 지나치게 높게 평가하고 있고, 자신이 사회에 도움이 되는 훌륭한 사람이라고 믿고 있다.

물론 이것은 환상이다. 인간은 환상이라도 만족하는 일이 많다. 그리고 용기가 부족한 사람은 비록 환상의 자신이라도 만족한다. 자신이 약하다는 것을 잘 알기 때문에 도망칠 길을 준비하고 도망치려 한다. 맞서 부딪치지 않고 도망침으로써 실제보다 더 강하고 똑똑한 환상의 자신을 만들어낸다.

_살아가는 데 중요한 것

공동체 감각은 인간의 특성이다

아이든 어른이든 대다수의 인간은 타인과 관계를 맺고, 협력하면서 일을 성취하고, 사회 안에서 도움이 되고자 하며, 공헌하려는 경향이 있다. 이런 행동은 '공동체 감각'이라는 개념으로 표현하는 것이 가장 적합하다. 이 감각의 근원에 있는 것은 무엇일까? 물론 많은 의견이 있을 테지만, 공동체 감각은 인간의 특성이라고 해도 좋다.

_어린이의 교육

성공에 대한 판단 기준

가치가 있느냐, 없느냐, 성공하느냐의 판단은 결국 협력에 근거한다. 우리의 행동이나 일, 성과 등 모든 것에서 항상 고려해야 할 것은 '인간이 서로 협력하는 데 도움이 되는가'라는 관점이다.

_인생 의미의 심리학 上

인생의 의미는 공헌이다

인생의 과제를 해결하기 위해서는 협력하는 능력이
필요하다. 모든 과제는 인간 사회에서 인류의 행복에
공헌하는 방식(방법)으로 극복해야만 한다.

인생의 의미란 '공헌'이다. 그렇게 이해하는 사람만
어떤 어려운 일이 있어도 용기를 가지고 도전할 수
있고, 성공할 수 있는 기회를 얻는 법이다.

_인생 의미의 심리학 上

IV

공동체 감각에 대하여

먼저 공동체 감각을 이해하라

아들러 심리학을 배울 때 가장 먼저 공동체 감각이라
는 개념을 이해해야 한다. 가장 중요한 개념이기 때문
이다.

용기 있고, 자신감 있고, 세상 속에 '내가 있을 곳이
있다'라고 생각하는 사람만이 인생에서 좋은 면도 나
쁜 면도 모두 살릴 수 있다. 그런 사람들은 결코 두렵
지 않다. 인생에는 반드시 어려운 일이 일어난다는 것
을 알고, 나아가 자신에게는 그것을 극복할 충분한 힘
이 있다는 것을 알기 때문이다. 인생의 모든 과제에
대하여 각오가 되어 있다.

_살아가는 데 중요한 것

협력은 인간을 구원한다

사회생활에 적응한다는 것은 열등성과 열등감의 문제이자 빛과 그림자와 같은 관계다. 생물로서의 인간은 약하고 열등하기 때문에 사회를 만들었다. 그 결과, 다른 생물보다 강한 존재가 되었다.

그렇게 생각하면 공동체 감각이나 사회적 협력은 개인으로서의 인간을 구원하는 역할을 맡고 있다고 할 수 있다.

_살아가는 데 중요한 것

공동체 감각은 조금씩 자란다

공동체 감각은 조금씩 자란다. 갓 태어난 때부터 공동체 감각을 키우는 훈련을 받고, 인생을 건설적으로 살아가도록 교육받은 사람만이 실제로 공동체 감각을 가질 수 있다.

_살아가는 데 중요한 것

공동체 감각을 키우는 것의 가치

공동체 감각을 키워야 한다. 그 가치는 아무리 강조해도 지나치지 않는다. '지성'이 공동체와 관련된 기능이기 때문이다. 공동체 감각이 길러져 '나는 가치가 있다'는 감각을 가질 수 있고, 더불어 용기를 가지고 낙관적으로 사물을 바라볼 수 있게 된다.

인간이 가진 좋은 점과 나쁜 점을 받아들일 수 있는 감각이기도 하다. 인간이 자신의 인생을 좋게 느끼고, 자신의 존재를 '가치 있는 것'으로 생각할 수 있는 것은, 그 사람이 사회에 공헌하고 나 혼자가 아닌 사회와 인류에 대한 열등감을 극복할 때뿐이다.

_사람은 왜 신경증이 되는가

성장은 공동체 감각과
떼려야 뗄 수 없다

사람을 볼 때, 공동체에 이상적인 사람인지 아닌지를
봐야 한다. 즉, 자신에게 주어지는 과제를 그에 걸맞
은 방식으로 극복할 수 있는 사람, 공동체 감각을 높
은 수준까지 발달시킨 사람인지를 말한다.

어떤 사람이든 공동체 감각을 키우고 발전시키고 그
것을 충분히 활용하지 않고는 성장할 수 없다.

_인간을 이해하는 심리학

인류는 공동체 감각을 증대시켜왔다

인류는 공동체 감각을 증대시키는 노력을 해왔으며,
종교는 여기에 큰 공헌을 해왔다. 아들러 심리학도 같
은 결론에 이르렀지만, 공동체 감각을 증대시키는 과
학적인 방법을 제안하고 있다.

인생의 의미의 심리학 上

불안 없는 인생이란

'불안'이라는 감정은 개인이 공동체(조직이나 사회)에 속할 때 비로소 없앨 수 있다. 자신이 조직·사회에 속해 있고, '내가 있을 곳이 있다'고 생각하는 사람만이 불안을 느끼지 않고 인생을 살아갈 수 있다.

_살아가는 데 중요한 것

공동체 감각이 발현될 때

공동체 감각이 발현되는 경우와 그렇지 않은 경우를 비교해 보면 열등감이 크지 않는 한, 아이는 가치 있는 사람이 되려 하고, 건설적인 인생을 살려고 한다는 것을 이해할 수 있다. 이런 아이들은 타인에게 관심을 가진다. 공동체 감각과 사회 적응을 함으로써 열등감을 바르게 보완하는 것이다.

_살아가는 데 중요한 것

공동체 감각이 키워지지 않은 아이

신체적 장애를 가진 아이, 무시당하며 자란 아이, 지나치게 응석을 부리는 아이에게 공통으로 나타나는 특징은—그것은 공동체 감각이 조금밖에 발달하지 않았다는 것이다. 가장 큰 특징이다—타인보다도 자신을 더 많이 생각하는 현상이다.

이런 아이들은 일반적으로 비관주의적인 세계관을 갖는 경향이 있다. 그들의 잘못된 생활양식을 바꾸지 않는 한 인생은 즐거울 수 없다.

_인간을 이해하는 심리학

사람의 말과 행동은
곧 공동체 감각의 수준이다

그 사람의 말과 행동에서 그 사람의 공동체 감각의
수준을 알 수 있다. 높은 수준의 사람에게는 권력이나
명예를 요구하는 노력이 거의 보이지 않는다. 반대로,
낮은 수준의 사람은 철저하게 명예를 요구한다. 자기
자신뿐 아니라 주변 사람에게도 '자신이 주변 사람들
에 비해 얼마나 뛰어난지'를 과시하려고 한다.

_성격의 심리학

공동체 감각은
인간의 약점을 보완한다

아들러 심리학에서 공동체 감각이라 불리는 것은, 개
체로서의 인간이 자연계에서 가지는 약점을 보완하
는 것이다. 인간은 생물로서도 사회를 필요로 하는 존
재다. 성숙할 때까지 타인에게 의존해야만 하는 시기
가 다른 동물에 비해 훨씬 길다. 인간이 종으로서 생
존하기 위한 조건인 고도의 협력과 사회 문화는 스스
로 사회와 연결되려는 노력을 필요로 한다.

따라서 교육의 주요 목적은 공동체 감각을 촉진시키
는 것이다. 공동체 감각은 선천적으로 타고난 것이 아
니라 의식적으로 발달시켜야 하는 것이기 때문이다.

_사람은 왜 신경증이 되는가

IV
공동체 감각에 대하여

인생의 과제에 힘쓰는 사람

인생의 과제에 힘쓰는 사람은 다음과 같은 강력한 확
신을 가져야 한다. '인생이란, 동료(친구)에게 관심을
가지는 것, 사회의 일원이 되는 것, 인류의 이익과 행
복에 최대한 공헌하는 것'이다. 우리는 여기에 진정한
인생의 의미를 측정하는 공통된 척도를 가진다.

모든 실패자―신경증 환자, 정신질환자, 범죄자, 알
코올 의존증 환자, 문제아, 자살자 등―는 친구라는
감각, 공동체 감각이 부족하여 인생에서 실패하고 있
는 것이다.

_인생의 의미의 심리학 上

적당한 순종과 적응력이 중요하다

공동체는 도망자를 위한 곳이 아니다. 공동체에서 중
요한 것은 적당한 순종과 적응력, 협력하고 타인을 도
울 수 있는 능력이다. 타인보다 우월하다며 주도권을
과시하는 것이 아니다.

_성격의 심리학

타인을 기쁘게 하는 것의 의미

얼마나 타인을 돕고 기쁘게 했는지를 알면 공동체 감각이 있는지 쉽게 알 수 있다. 타인을 기쁘게 하는 능력은 큰 이익을 가져온다. 그런 사람들은 우리에게 솔직하게 다가온다. 그리고 우리도 그 사람을 순수한 감정으로 호감을 느낀다. 우리는 그런 특징을 직감적으로 공동체 감각의 증거로 느낄 수 있다.

그들은 쾌활한 성격을 가지고 있어서 항상 우울한듯 걱정스러운 표정을 짓지 않는다. 또한 다른 사람을 괜스레 걱정하거나 걱정을 끼치거나 하지도 않는다. 다른 사람과 함께 있을 때는 인생을 더욱 즐겁게 살아가기 위해 쾌활함을 흩뿌리는 사람이다.

_인간을 이해하는 심리학

공동체 감각이 부족하면
인생을 손해본다

공동체 감각이 부족하면 인생이 비건설적인 방향으로 향하게 된다. 예를 들어 공동체 감각이 부족한 사람은 문제 행동을 하는 아이, 범죄자, 정신질환자, 알코올 의존증 환자 등을 꼽을 수 있다.

이 같은 사람에 대하여 우리가 할 수 있는 일은 그들이 인생을 건설적인 방향으로 돌아갈 수 있도록 돕고 타인에게 관심을 가지도록 독려하는 것이다.

_살아가는 데 중요한 것

공동체 감각의 발달 정도

'아이의 공동체 감각이 어느 정도 발달했는지 어떻게
알 수 있을까?' 이 질문에 대하여 이렇게 답한다.
예를 들어 '자신이 다른 아이들보다 뛰어나다'는 것을
보여주기 위해 다른 아이들을 생각하지도 않고 앞만
보고 달려가는 아이라면, 그런 아이는 공동체 감각이
발달하지 않았다고 확신할 수 있다.

_어린이의 교육

공동체 감각은 이상으로
인도하는 별이다

공동체는 도달할 수 없는 이상이다. 그와 마찬가지로
공동체 감각도 역시 이상이다. 비록 많은 사람에게 인
정받았다고 해도 우리는 언제든 잘못을 저지를 수 있
다. 그러니 공동체 감각은 우리를 '인도하는 별'이다.
이상이라는 별이기에 사람은 그 목표를 향해 나아가
는 것이다.

_성격의 심리학

V

용기에 대하여

역경은 '벽'이 아니라
'정복할 수 있는' 것이다

아들러 심리학은 용기와 자신감을 갖게 한다. 인생의
역경은 극복할 수 없는 벽이 아니라, 맞서서 정복할
수 있는 것이라고 가르친다. 그리고 이를 위해 정신력
을 키우는 노력을 하라고 가르친다.

_어린이의 교육

실패는 새로운 과제다

용기와 자신감을 가지고, 끈기 있게 '실패는 용기를
앗아가는 것이 아니라 새로운 과제'라고 인식하도록
교육하는 것이 중요하다.

_어린이의 교육

자신감을 키우는 단 하나의 방법

심리학자들의 일은 사람들이 겁먹은 태도를 버리고, 자신감을 가질 수 있도록 훈련시키는 것이다. 훈련에 가장 좋은 방법은 '용기 부여'다. 결코 용기를 꺾는 행동을 해서는 안 된다. 자신은 어려운 상황에도 대처할 수 있고, 인생의 과제를 말끔히 해낼 수 있다는 자신감을 갖게 하는 것이 중요하다.

이것이 자신감을 키우는 단 하나의 방법이다. 그리고 열등감을 극복하는 유일한 방법이기도 하다.

_살아가는 데 중요한 것

아이들에게 용기는 중요하다

아이들을 가볍고 무례하게 대해서는 안 된다. 항상 용기를 북돋아 줘야 한다. 아이들에게 환상과 현실 사이에 괴리가 생기지 않도록 현실적인 인생의 중요성을 알려주는 것도 중요하다.

_어린이의 교육

쉬운 길을 걸으려 해서는 안 된다

교육이 어려운 아이는 문제에 맞설 용기를 가지지 못한다. 교육이 어려운 아이는 건설적인 노력을 통해 자신의 자리를 확보할 용기를 갖지 못한다.

자고로 아이란 쉬운 길을 가려고 하는 존재다. 그 길 위에서는 용기가 없어도 '내게는 힘이 있다'고 생각할 수 있기 때문이다.

_교육이 곤란한 아이들

용감한 범죄는 없다

범죄자는 때때로 자신을 '용감하다'고 주장하기도 한다. 하지만 그런 범죄자의 말에 깜박 속아 동의해서는 안 된다.

범죄란, 비겁한 인간이 '영웅주의'를 이야기하는 것이다. 범죄자들은 허구의 세계에서 자신의 우월성을 과시하고, 자신이 영웅적 존재라고 믿으려는 경향이 있다. 그러나 이는 잘못된 생각이며, 사회 전반에 있는 상식(공통인식, 집단 지성, 양심)이 부족한 사람이라고 할 수 있다.

_인생 의미의 심리학 下

꾸짖는 부모는 아이의 용기를 꺾는다

아들러 심리학을 공부하는 사람이라면 아이를 키울 때 엄격하게도 응석받이로도 키워서는 안 된다. 부모에게 필요한 것은 아이를 이해하려는 마음, 잘못된 길로 가지 않도록 지켜보는 것, 아이가 문제에 부딪혔을 때 그것을 해결하도록 도와주고 공동체 감각을 갖도록(사회를 위해 봉사할 수 있는 사람) 용기를 북돋아 주는 것이다.

_어린이의 교육

교사가 하는 일의 가치

'거룩한 의무'라고 해도 좋을 만큼 교사의 가장 중요한 임무가 있다. 그것은 어떤 아이라도 학교에서 용기를 잃지 않도록 하는 것이다. 이미 용기를 잃고 학교에 들어온 아이들에게는 학교라는 공간과 교사와의 교류를 통해 다시 자신감을 회복할 수 있도록 해야 한다. 그것이 바로 교사가 하는 일의 가치다. 나아가 미래를 향해 희망을 안고, 기대에 찬 아이들과 함께하는 것만이 비로소 교육이라고 할 수 있다.

_어린이의 교육

교사의 첫 번째 미션은 신뢰다

교사의 첫 번째 임무는 아이들에게 신뢰를 얻는 것이
다. 그리고 그다음에는 용기를 북돋아 줄 수 있으면
좋다.

_어린이의 교육

자신을 믿고 나아가라

'나는 과제를 해결할 수 있다'는 확신을 갖고 힘을 쏟으면 낙관적인 성향이 나타난다. 게다가 이 성향은 인생의 모든 장면에서 반복적으로 나타나는데, 여기서 알 수 있는 것은 행동력, 상상력, 타인을 믿는 힘, 자신을 믿는 힘이다.

_교육이 곤란한 아이들

용기는 본래 자기 안에 있다

우리가 공동체 감각이라고 부르는 것은 '타인과 단단히 연결되어 있다는 것'의 일면일 뿐이다. 그리고 우리가 '용기'라 부르는 것은 본래 자기 안에 있는 것으로, '내가 사회의 일원'이라고 느끼는 리듬 같은 것이다.

_개인심리학의 기술 II

VI

열등감과
열등 콤플렉스에 대하여

사람은 열등하기에 발달한다

자연계에 무수히 존재하는 생물 가운데 인간은 열등한 생물이다. 몸집도 크지 않고 강한 뿔도 날카로운 이빨도 없다. 압도적으로 빠르게 달릴 수 있는 것도 아니다. 그리고 열등하기에 항상 '부족하다', '안전하지 않다'는 의식을 가진다. 그 의식이 항상 있기에 환경에 적응하고, 안전하게 살아갈 상황을 만들기 위해 외부의 적에 대비하거나 대책을 마련할 방법 등을 생각해낸다.

이렇게 인간이 환경에 적응하고 안전한 장소를 만드는 능력을 가질 수 있었던 것은 인간의 정신이라는 기관이 발달했기 때문이다.

_인간을 이해하는 심리학

인간의 행동과 감정에도
목표가 있다

의학적으로 신체 기관은 어느 특정 목적을 향해 발달한다고 생각한다. 그리고 완성된 기관은 각각 고유한 형태를 가진다. 더구나 기관에 어떤 결함이 있으면, 그 결함을 보완하려는 기능을 갖추거나 혹은 다른 기관이 그 결함 있는 기관을 대신하게 된다. 예를 들어 눈이 나쁜 사람은 후각이나 청각이 발달한다.

생명은 언제, 어떤 상황에서도 부족한 부분을 보완하며 계속성을 추구한다. 그리고 생명의 힘은 외부의 압력에 어떤 저항도 없이 굴복하는 일은 절대 없다. 정신도 이들 기관과 마찬가지로 작용한다. 정신에도 목표나 이상적인 상태가 있고 거기로 향해 나아간다. 목표를 향해 결함이나 문제를 극복하려고 한다. 따라서 인간의 행동이나 감정에도 반드시 목표나 목적이 있다.

_살아가는 데 중요한 것

인간 사회, 문화의 모든 것은
열등감에서 나왔다

'열등감'은 특별하지 않다. 그러나 인간이 진화하는 데 있어 중요한 요소다. 예컨대 과학의 발전은 인간이 '미지의 세계가 알고 싶다', '미래가 불안하기에 준비해두자'는 욕망이 있기에 성립한다.

이 욕망이 있고 과학의 발전이 있기에 종으로서 인간은 운명을 개척해왔다. 따라서 인간 사회, 문화의 모든 것은 열등감에서 나왔다고 말할 수 있다.

_인생 의미의 심리학 上

열등감이 있기에 향상심을 가진다

열등감을 가지고 '불완전하다', '약하다', '안전하지 않다'고 생각하기에 사람은 목표를 설정한다.

태어난 지 얼마 되지 않은 아이들도 울음으로 부모의 주목을 받으려 하고, 부모의 보살핌을 받으려 한다. 아기의 이러한 행동은 사람의 '인정 욕구'의 첫 징후라 할 수 있다.

사람은 열등감에 자극을 받아 향상심을 가진다. 성장하기를 원하고, 이를 위해 노력한다.

_인간을 이해하는 심리학

열등감은 성장의 자극제

열등감이 있는 것은 병이 아니다. 당신이 오늘 있는 것은 열등감 덕분이라고 해도 과언이 아니다. 오히려 열등감을 가지고 있다는 것은 건강하고 건전하다는 증거이기도 하다.

당신이 노력에 노력을 거듭하여 오늘날까지 성장해 온 자극이었다는 사실을 알아야 한다.

_살아가는 데 중요한 것

VI
열등감과 열등 콤플렉스에 대하여

열등감을 방해하는 무력감

누구나 열등감을 가지고 있다. 그래서 열등감 자체에
는 문제가 없다. 오히려 건전하고 건설적인 향상심으
로 이어지는 계기가 된다. 그러나 열등감이 문제시되
는 것은 열등감에서 생겨난 무력감이 너무나 큰 경우
다. 너무 지나쳐서 향상심까지 죽이게 된다.

_살아가는 데 중요한 것

인생의 과제를 극복하는 원천

'이상적인 상태가 되고 싶다', '발전하고 싶다'고 바라는 것이 바로 인간 행동의 모든 동기 부여의 원천이다. 이 소망이 인간이 살아가는 데 도약의 발판이 되어 아래서 위로, 마이너스에서 플러스로, 패배에서 승리로 나아갈 수 있도록 행동하게 한다. 그리고 '이상적인 상태가 되고 싶다', '발전하고 싶다'는 소망을 '타인도 행복하게 한다', '타인도 풍요롭게 한다'는 방식으로 행동하는 사람만이 가장 진정한 의미에서 인생의 과제를 극복한다고 말할 수 있다.

_인생의 의미의 심리학 上

열등감이 너무 강하면
열등 콤플렉스가 된다

열등 콤플렉스나 우월 콤플렉스에 있는 '콤플렉스'라
는 말은 '극단적으로 강하다'는 의미일 뿐이다. 열등
감이 너무 강할 때 열등 콤플렉스가 되고, '남보다 우
월한 상태이고 싶다'는 기분이 너무 강할 때 우월 콤
플렉스가 된다. 그렇게 보면 열등 콤플렉스와 우월 콤
플렉스라는 상반되어 보이는 두 가지 감각이 한 사람
안에 존재하는 것도 이해할 수 있다.

_살아가는 데 중요한 것

뛰어나고 싶다는 욕구가
지나치면 병이 된다

열등감이 너무 강하면 불안이 과도하게 커지고, 부족한 부분을 보완하려는 것에 그치지 않고 지나치게 된다. 그 결과, 힘이나 뛰어나고 싶다는 욕구는 극단적이 되어서 병이 된다.

_인간을 이해하는 심리학

열등 콤플렉스의 정의

열등 콤플렉스에는 명확한 정의가 있다. 열등 콤플렉스란, 그 사람이 지금 있는 환경에 잘 적응할 수 없을 때, 혹은 해결할 준비가 되어 있지 않은 문제에 부딪혔을 때 나타난다. 그리고 '나는 해결할 수 없다'는 확신을 강조한다.

_인생의 의미의 심리학 上

인생에서 비건설적인 감정

열등 콤플렉스와 우월 콤플렉스에는 공통점이 있다. 양쪽 모두 인생에 있어 비건설적인 감정이라는 것이다.

_살아가는 데 중요한 것

허세나 나르시시즘의 정체

우월 콤플렉스란, 그저 허세나 나르시시즘, 우쭐거림
이다. 인생에서 비건설적인 방향으로 나아가는 원인
이 된다. 우월 콤플렉스로 얻을 수 있는 것은 거짓 만
족감이고, 거짓 성공이다.

_살아가는 데 중요한 것

눈이 나빠도 화가가 될 수 있다

신체적으로 약한 부분은 정신에도 큰 영향을 미친다. 예를 들어 눈이 나쁜 아이들은 보이는 것에 보통 사람보다 훨씬 큰 집중력을 가진다. 매우 주의 깊게 색이나 그림자, 감촉이나 원근법을 신경 써서 본다. 이런 아이가 화가가 되기도 한다.

화가는 시력이 충분하지 않은 경우가 많다. 원시이거나 색각 이상인 경우도 많다. 이것은, 장애가 있기에 상상력이 아이에게 어려움을 극복하도록 몰아붙이기 때문이라 이해할 수 있다.

_교육이 곤란한 아이들

아이에게는 열등한 신체보다
열등한 환경이 문제다

'세상은 힘들고 고통스럽다'는 인상은, 아이가 큰 어려움에 부딪혔을 때 더욱 강화된다. 특히 열등한 신체 기관(청각장애, 약시, 아토피성 피부염, 천식 등, 신체적으로 불편하거나 어려움을 느끼는 특성·특징)을 가진 아이에게 많이 발생한다. 이런 아이들은 열등한 신체 기관 때문에 여러 병에 걸리기 쉽다.

그러나 어려움의 원인을 아이의 약한 기관에 한정할 수 없다. 이해가 부족한 주변 어른들이 아이에게 무리한 일을 시키기도 한다. 혹은 해낼 수 없는 과제를 경솔히 건네기도 한다. 즉, 아이를 둘러싼 환경의 결함이라 할 수 있다. 환경에 적응하려는 아이는 이 적응을 어렵게 만드는 장애를 찾아내기 때문이다. 예컨대 이미 용기를 잃은 아이들이 비관주의로 가득한 환경에서 자라는 경우다.

_인간을 이해하는 심리학

열등감을 극복하기 위해

열등감은 사회에서 살아가기 위한 교육이나 훈련을 받지 못한 것과 밀접한 관련이 있다. 사회에 적응할 수 없는 데서 열등감이 나온다. 따라서 열등감을 극복하기 위해서는 사회에서 살아가는 교육이나 훈련을 받아야 한다.

_살아가는 데 중요한 것

VII

생활양식에
대하여

생활양식(Life Style)이란

'생활양식'이란 그 사람이 타고난 것(체질이나 유전 등)이나 환경에 적응하기 위해 만들어진 것이다. 그래서 생활양식은 대인관계에 맞게 변화한다. 그 사람을 둘러싼 환경이나 상황 등을 모두 포함하여 그 사람을 보았을 때 비로소 생활양식이나 특성을 이야기할 수 있다.

_인간을 이해하는 심리학

인간의 특성을 이해하는 방법

인간의 특성을 이해하기 위해서는 어린 시절에 만들
어진 생활양식을 이해하고, 그것이 만들어지는 과정
에서 무엇이 영향을 미쳤는지를 파악해야 한다. 그리
고 그 생활양식이 사회에 나와 직장이나 가정생활 등
에서 문제가 생겼을 때 어떻게 발휘되는지를 살펴볼
필요가 있다.

_살아가는 의미를 찾아서

문제가 발생하면
생활양식이 드러난다

'아, 이 사람… 이런 사람이었어!'라는 장면에 맞닥뜨릴 때가 있지 않은가? 그 사람의 생활양식이 노출되는 건 공황 상태에 빠지거나 문제에 부딪히거나 할 때다. 그런 장면이 바로 그 사람을 이해할 수 있는 최고의 기회라고 할 수 있다.

_살아가는 데 중요한 것

사람은 기억을 만들어낸다

우리가 다양한 일들을 경험했어도 어떤 특정한 편향된 사고방식을 가지기 쉽다. 자기만의 사고방식이나 사물을 보는 시각을 통해 그 경험을 파악하기 때문이다. 그리고 그 사고방식, 관점이라는 건 자신의 생활양식에 맞춰져 있다. 좀 더 덧붙이자면, 그 생활양식을 강화하는 방향으로 활용되기도 한다.

사람은 기억을 만들어낸다. 현상을 생활양식에 맞춰 해석한다. 맞지 않는 건 아예 기억에서 배제하고 맞는 것만 받아들인다. 그리고 받아들인 것만을 기억한다. 사진처럼 기억하는 게 아니라 없었던 것을 있었다고, 있었던 것을 없었다고 기억하기도 한다.

_인간을 이해하는 심리학

생활양식의 원형은 바꾸기 어렵다

인생에서 처음 형성된 생활양식의 원형에서 벗어나기란 어렵다. 그 원형을 바꾼 사람은 거의 없다.[*]
어른이 되어 바뀌었다고 해도 그것은 다른 상황 안에서 다른 형태로 나타났을 뿐이다. 이것은 생활양식이 바뀐 게 아니다. 변한 듯 보여도 같은 원형에서 나온 것이다. 사람은 어린 시절이든 어른이 되어서든 같은 목표를 향해 비슷한 말과 행동을 하기 때문이다.

_살아가는 의미를 찾아서

---

[*] 아들러는 말년까지 친숙하고 온화했다. 그러나 '프로이트의 제자입니까?'라는 말을 들었을 때 크게 화를 냈다고 한다. 이것이 그야말로 어릴 적에 익힌 생활양식이 드러나는 순간이었을 것이다. '본성이 드러난다'는 표현에 가깝다.

타인과의 관계로 그 사람을 이해하라

'타인과 어떻게 관계하는가', '어떻게 타인과 협력하는가', '그 결과 어떤 결실이 있는가'를 알면 저절로 그 사람을 알 수 있다.

한편 공동체 감각에 적합하지 않은 힘이란, 과도하게 힘과 우월성을 추구하는 노력이다. 공동체 감각의 크기와 힘과 우월성을 추구하는 노력의 강도, 이 두 가지 요소가 사람 간의 차이를 낳고 그것이 표출된 형태가 생활양식이다.

_성격의 심리학

단편적인 모습으로 판단하지 마라

단편적인 말이나 행동을 가지고 생활양식의 전체적인 모습을 판단해서는 안 된다. 그것은 생활양식 중 일부에 지나지 않기 때문이다.

생활양식을 파악하기 위해서는 사람이 목표를 향해 노력하는 모습, 삶의 방정식이라 할 수 있는 사고방식을 실마리로 삼는 게 바람직하다.

어린 시절의 말과 행동 뒤에 감춰진 목표를 알면 그 아이가 어른이 되어서 하는 말과 행동의 밑바닥에 있는 목표를 알 수 있고, 그 말이나 행동을 전체적으로 이해할 수 있다.

_인간을 이해하는 심리학

생활양식이 변하는 때

기본적으로 생활양식은 생애 첫 몇 년간에 형성된 것
으로 바꿀 수 없다.* 만약 바꿀 수 있다면, 그것은 인
간이 성장하면서 자신의 실수를 깨닫고, 인류 전체의
행복에 기여할 목적으로 타인과 교류할 때다.

_살아가는 의미를 찾아서

* 아들러는 4~5세 정도로 규정하고 있지만, 현재의 아들러 심리학에
서는 10세 정도로 생각하고 있다.

사람은 그림이자 화가다

사람은 누구나 성격을 가지고 있다. 하지만 그 표현에는 저마다의 고유성을 가지고 있다. 즉, 사람은 그림인 동시에 그 그림을 자신만의 화풍으로 그리는 예술가(화가)이기도 하다. 그러나 예술가로서는 완벽하고 뛰어난 활동을 한다고 해도 인간으로서는 절대 옳다고 단언할 수 없다. 인간은 연약하고, 실수하기 쉽고, 불완전한 존재이기 때문이다.

_어린이의 교육

같은 부모 밑에서 자란 형제라도
다르게 성장한다

같은 부모 밑에서 태어난 아이들은 같은 환경 속에서 자란다고 생각하기 쉽다. 하지만 그것은 흔히 있는 착각이다. 물론 같은 부모 밑에서 자라기에 공통점은 있다. 그러나 형제자매마다 처한 상황은 다르다. 다른 아이들과 다른 경험을 하고, 다른 인식을 가지며 성장한다. 형제 순위(맏이, 중간, 막내, 외동)에 따른 차이가 있기 때문이다.

_사람은 왜 신경증이 되는가

유형별로 사람을 나누지 마라

인간을 유형별로 구분하는 것은 단지 편리한 수단일
뿐이며, 이해하기 쉽도록 비슷한 인간을 어느 정도 묶
어놓은 것뿐이다.

_살아가는 데 중요한 것

낙관주의자란

낙관주의자란 성격이 대개 대범하고 올곧은 사람이다. 그들은 어떤 어려움이 닥치더라고 용감하게 맞서고, 괜스레 불안해하거나 과도하게 슬퍼하지 않는다. 자신감을 가지고 인생에 대해 건설적인 태도를 보인다. 주변 사람들에게도 지나치게 요구하지 않는다.

자신의 힘을 믿고 성취에 있어 스스로 부족한 존재라고 생각하지 않는다. 때문에 그들은 어려운 일이 있어도, 자신을 나약하고 불완전하다고 생각하는 사람들보다 더 잘 견뎌낸다. 또한 '실수해도 다시 도전하면 된다'는 확신을 가지고 침착할 수 있다.

_성격의 심리학

비관주의자란

비관주의자란 어린 시절의 경험과 그로 인해 장착된 사고방식으로 열등감을 갖게 된 사람이다. 그 인상이 너무 강해서 '사는 게 힘들다', '인생은 고통스럽다'라고 생각하게 된다.

건전하지 못한 환경에서 성장했거나 힘든 경험을 하면서 커진 비관적인 관점으로, 그들은 언제나 인생의 부정적인 면, 어두운 면만 바라보게 된다. 세상에는 빛과 어둠 모두가 있음에도 말이다. 그 결과, 더더욱 삶의 고단함과 인생의 고통을 의식하고 쉽게 용기를 잃어버린다.

_성격의 심리학

시기하는 사람은 남 탓을 한다

시기하는 사람은 항상 타인의 것을 빼앗고 타인을 무시하고, 타인을 방해하려고 한다. 그리고 자신이 이루지 못한 일에 대해서는 핑계를 대고, 때로는 타인에게 책임을 전가하기도 한다.

_성격의 심리학

탐욕은 헌신에 인색하다

'탐욕'이라는 말은 '재산을 늘리는 데 적극적'이라는 의미만 있는 것이 아니다. 타인에게 헌신하지 못하는 태도를 의미하기도 한다.

따라서 탐욕스러운 사람은 사회나 타인을 위해 헌신하는 데 인색하다. 그리고 자신의 재산을 지키기 위해 주변 사람들과 벽을 높게 만들어 버린다.

_성격의 심리학

타인의 불안에 굴복하지 마라

그/그녀가 불안을 호소할 경우, 대개 그/그녀에게 누군가가 곁에 꼭 붙어 있어야만 하는 경우가 많다. 그리고 그 불안에 따라 누군가가 그 자리를 떠나지 못할 때, 그 사람은 그/그녀의 불안에 굴복하고 있다고 할 수 있다.

_성격의 심리학

불안한 사람은
약간의 변화에도 불안하다

불안을 끌어안고 있는 사람은 오직 자신만을 걱정하여 다른 사람은 거의 생각하지 못한다. 인생에서 어려운 일이 일어났을 때 그곳에서 도망치는 법을 배웠다면, 불안이 더욱 강화되고 확고해진다.

무언가를 시작하려고 할 때, 가장 먼저 느끼는 감정이 언제나 '불안'인 사람이 있다. 그런 사람은 평소와 조금이라도 상황이 바뀌면 두려움을 느낀다.

_성격의 심리학

'정동'이라는 감정

'정동'은 행동이나 감정이 과도하게 발달한 것을 말한다. 그것은 정신에 강한 압력이 가해졌을 때 급작스럽게 폭발하듯 나타난다. 따라서 정동에는 행동이나 감정처럼 목적이나 나아갈 방향이 있다. 정동은 수수께끼처럼 이해할 수 없는 현상이 아니다. 정동은 언제나 의미를 가진다. 그 사람의 생활양식이나 지침에 맞춰서 나타난다. 주변의 상황이나 인간관계를 자신에게 유리한 방향으로 변화시키는 목적을 가진다.

_성격의 심리학

슬픔에도 목적이 있다

슬픔은 무언가를 빼앗기거나 잃었을 때, 그것들이 쉽게 치유되지 않을 때 느끼는 커다란 감정의 폭발이다. 그 슬픔에도 목적이 있다. 더 나은 상황을 만들기 위해 불쾌감이나 무력감을 없애고 싶은 욕구가 그 내면에 있기 때문이다.

_성격의 심리학

눈물은 사람을 하나로
만들기도 하고 떼어놓기도 한다

인간이 살아가는 데 있어 불안은 중요한 의미를 지
닌다. 불안은 슬픔처럼 사람과 사람을 떼어놓는 계기
가 되기도 하고, 사람을 이어주는 계기가 되기도 한다.
슬픔에는 두 가지 작용이 있는데, 동정심처럼 사람을
끌어당기기도 하고, 눈물의 호소를 귀찮다고 여기면
서 밀어내기도 한다. 그래서 복잡하다고 할 수 있다.

_성격의 심리학

분노는 타인을
지배하고 싶어 한다

지배욕을 상징하는 감정은 분노다. 분노하는 사람은 지금 당면한 문제를 '빨리, 무력으로, 물리치겠다'는 목적을 분명하게 드러낸다. 이 사실을 알면 화내는 사람은 힘을 과시하며 오로지 우월감을 드러내고 싶은 사람이라는 것을 알 수 있다. 인정받으려는 노력은 때때로 권력을 얻으려는 도취감으로 바뀌는 경우가 많다. 이런 종류의 사람은 자신의 권력(내게는 힘이 있다는 느낌)이 조금이라도 위협을 받으면 분노를 폭발한다. 이들은 지금까지의 경험으로 분노를 표출하는 것이 가장 손쉽게 타인을 지배할 수 있고 자신의 의지를 관철할 수 있다고 느낀다.

_성격의 심리학

세세한 것에 집착하는 사람

원리주의자는 모든 면에서 미숙한 것은 아니다. 그러
나 미숙한 유형의 원리주의자는 있다. 그런 사람은 모
든 사건을 어떤 하나의 원리로 파악하려 하고, 어떤
상황에서든 그 하나의 원리에 따라서 행동한다. 그 원
리를 항상 옳다고 생각하여 거기서 벗어나지 않는다.
그리고 일상의 모든 것이 언제나 익숙하고 친숙한 옳
은 길을 가지 않으면 불편해한다. 이런 태도를 보이는
사람들은 대개 시시한 것, 세세한 것에 집착한다.

성격의 심리학

심술부리는 감정은
어머니에 대한 반항이다

한 상담가는 상담에서 '이 아이는 "나는 심술부리는
것을 좋아한다"고 말했다'고 보고한 적이 있다. 이는
아이가 사회적 관계를 맺을 수 없고, 그 결과 불평불
만이 아이에게 허락된 유일한 수단이라는 것을 보여
준다. 심술부리는 것은 아이가 아이의 엄마를 거부할
수 있는 최고의 수단이기에, 심술부리는 것을 좋아하
는 것이다.

_아들러의 케이스 세미나

공생과 분업은
인간에게 필요 불가결이다

현대를 사는 인간은 말끔히 정비된 환경에 있을 때만 생존할 수 있다. 이 정비된 환경을 만들어내는 건 공생을 가능케 하는 분업이다. 따라서 이 두 가지는 인간에게 없어서는 안 된다.

공생과 분업만이 자연계의 다른 생물에 의한 공격이나 방어를 위한 무기로, 인간을 살리는 것이라 할 수 있다. 그리고 오늘날 우리가 문화라 불리는 모든 것을 만들어낼 수 있다.

_인간을 이해하는 심리학

결속을 통한 새로운 힘

동물이라도, 불리한 상황에 놓인 생물은 유대감을 형
성하려는 경향이 강하다. 연약한 생물은 관계를 형성
한다. 그리고 그 결속을 통해 새로운 힘이 생긴다. 이
새로운 힘에 의해서 연약한 생물은 살아남을 수 있다.
인간이 사회나 집단과 견고하게 관계를 형성하는 것
은 인간이 약하다는 본질 때문이라 할 수 있다.

_교육이 곤란한 아이들

VIII

배움과 실천에 대하여

실천했을 때 비로소 습득한다

인간을 깊이 이해하는 것은 책이나 교과서에서 얻을 수 있는 지식이 아니다. 실천해야만 비로소 얻을 수 있다. 경험하고 체득하여 사람들의 기쁨과 불안을 공유한다. 그것은 뛰어난 화가가 인물화를 그릴 때 그 사람을 사진처럼 그대로 옮겨 그리는 게 아니라, 그가 느낀 인상이나 분위기를 그리는 것과 같다.

_인간을 이해하는 심리학

누구나 무슨 일이든 해낼 수 있다

아들러 심리학은 '누구나 어떤 일이든 성취할 수 있다'고 생각한다. 이것은 민주적인 선언이자, 또한 우수한 아이들에게는 어깨를 가볍게 해주는 견해다. 우수한 아이들은 언제나 큰 기대를 받기에 특별한 존재라고 생각한다. 그런 아이에 대해 지도자가 '누구든 무슨 일이라도 해낼 수 있다'고 믿고 그것을 표현하면 우수하면서도 겸허한 성격의 아이로 성장한다.

그들은 자신이 이뤄낸 성과는 노력 덕분이라고 생각한다. 노력하면 이루지 못할 일은 없다고 생각할 것이다. 그러나 비록 환경이나 능력이 부족해도 교사가 올바른 방향으로 교육하면 성과를 낼 수 있다.

_살아가는 데 중요한 것

좋은 교육이란

'유전'의 논리를 교육이나 심리학에서 강조해서는 안된다. 누구든 무엇이든 성취할 수 있다고 가정해야 한다. 물론 이것은 인간의 유전적인 요소에 차이가 있다는 사실을 부정하는 것은 아니다. 중요한 것은 선천적인 것(유전적인 요소)을 어떻게 활용할 것인가에 있다. 그렇기 때문에 교육이 매우 중요하다.

좋은 교육이란 능력의 유무에 상관없이 사람을 성장시킨다. 비록 능력이 없어도 용기와 훈련을 통해 위대한 능력까지 성장할 수 있다. 적절한 교육이 이뤄진다면 '능력 없다'는 자각은 큰 업적을 남길 만큼 사람에게 자극을 줄 수 있다.

_사람은 왜 신경증이 되는가

경험에서 배워라

아이를 키우려면 경험을 통해 가르치는 것이 가장 좋
다(물론 상식의 범위 안에서). 이는 아이들이 자신의 행동
을 부모나 선생님이 안 된다고 해서가 아니라, 사물
의 논리와 현실 상황을 스스로 판단하도록 하기 위함
이다.

_어린이의 교육

타인에게 무엇을 줄 수 있는가

허영심이 강한 사람은 항상 '기대하는 사람', '빼앗는 사람'의 역할을 맡는다. 그런 사람에 비해 성숙한 공동체 감각을 가진 사람, 즉 '타인에게 무엇을 줄 수 있는지'를 스스로 묻는 사람의 가치관에는 현저한 차이를 보이고, 그 차이는 일목요연하다.

_성격의 심리학

인류의 진보에 힘이 되다

아들러 심리학은 장차 사상이나 문화, 인류의 미래에 영구적으로 영향을 미칠 것이다. 많은 제자를 사로잡는 데 그치지 않고 수많은 사람을 매료시킬 게 틀림없다. 물론 이해하는 사람도 있고, 오해하는 사람도 많을 것이다. 열렬한 지지를 얻어도 더 많은 적이 생길지도 모른다. 매우 간단하기에 많은 사람은 정말 단순하다고 생각할 것이다.

그러나 아들러 심리학을 진정으로 아는 사람은 그것이 얼마나 어려운지 잘 안다. 지지하는 사람들은 아들러 심리학으로 부와 지위를 얻지 못해도 반대하는 사람들의 실패·잘못에서 배울 수 있다. 아들러 심리학은 지지하는 사람들에게 마음을 간파하는 날카로운 통찰력을 안겨준다. 이 어렵게 얻은 능력은 인류의 진보를 위해 보탬이 된다.

_아들러 심리학의 기초

과도하게 지식을 과시하지 마라

아들러 심리학을 함부로 다루고 오용한다면 자신에
대한 평가를 떨어뜨릴 것이다. 아들러 심리학의 근본
적인 관점을 아직 배우지 못한 사람에게 전하는 것도
역시 위험하다. 아들러 심리학은 겸허함을 강요한다.
경솔히 혹은 과도하게 지식을 과시하는 걸 용납하지
않는다.

_인간을 이해하는 심리학

교육자, 의사, 성직자의 역할

교육자, 의사, 성직자의 역할은, 인생이 선사한 의미를 깨닫기 위해 실패의 진정한 원인을 확신시키는 것, 사람이 가진 바르지 못한 생각, 잘못된 의미 부여를 찾아내는 것, 그리고 공동체 감각을 높이고 용기를 북돋는 것이다.

_살아가는 의미를 찾아서

운명에서 도망치지 말고
운명을 개척하라

'운명을 믿는다'고 말하는 사람이 있다. 그 생각은 한 사람의 인생에 지대한 영향을 미친다. 거기에 그치지 않고, 때때로 국가나 민족, 문명 전체에도 영향을 미친다. 하지만 아들러 심리학은 생각이나 감정, 생활양식에 미치는 영향을 밝힐 뿐이다. 운명을 믿는다고 하면 듣기에는 좋지만, 대개는 단순한 도피에 불과하다. 건설적인 방향으로 노력하는 데서 도망치는 것이다. 운명은 믿는 게 아니라 개척하는 것이다. 운명을 믿는다는 것은 잘못된 마음의 버팀목이라고 할 수 있다.

_살아가는 데 중요한 것

목표를 보고 걸어가라

한 줄의 선을 그으려고 할 때 목표가 되는 최종 지점을 보지 않으면 끝까지 선을 그을 수 없다. 그와 마찬가지로 욕망만으로는 어떤 선도 그을 수 없다. 즉, 목표를 설정하지 않으면 아무것도 할 수 없으며, 미래의 목표를 설정해야만 그 목표를 향해 나아갈 수 있다.

_교육이 곤란한 아이들

내가 먼저 시작하라

'협력할 것', '타인에게 관심을 보일 것'을 내가 제안
하면, 다음과 같이 말하는 사람이 적지 않다.

"하지만 타인은 내게 아무런 관심을 가지지 않습니다."
이렇게 말하는 사람에 대해 내 대답은 항상 다음과
같다.

"누군가 시작해야만 한다. 타인이 협력해 주지 않아도
관심을 가지지 않아도 그것은 당신과 상관없다. 나의
조언은 이렇다. 당신이 먼저 시작해야 한다. 타인이
협력적이든 어떻든 관심을 가지든 어떻든 생각하지
마라."

_인생의 의미의 심리학 下

IX

교육의 중요성에 대하여

아이의 재능은 후천적이다

아들러 심리학은 낙관적인 전망을 가지고 있다.
아이의 재능과 능력은 선천적으로 타고난 것이 아니
다. 키우고 성장시킬 수 있다고 생각한다.

_교육이 곤란한 아이들

아이를 동등한 인간으로 보라

우리는 자신의 아이를 친구로, 혹은 동등한 인간으로
대해야 한다.

_어린이의 교육

부모가 먼저 협력하라

아이가 인간 사회에서 가장 먼저 경험하는 협력은 부모와의 협력이다. 만약 부모의 협력하는 능력이 부족하면 아이에게 협력하는 사람이 되라고 가르칠 가능성이 적다.

_인생 의미의 심리학

부모는 아이에게
신뢰감을 길러주라

부모가 가장 먼저 해야 할 큰일은 아이에게 '신뢰할 수 있는 타인이 있다'는 경험을 주는 것이다. 그리고 부모는 이 신뢰감을 가족, 친구, 학교, 지역 사회, 인간 사회 등 아이가 속한 모든 곳에서 아우를 수 있도록 크게 키워줘야 한다.

만일 부모가 이 첫 번째 큰일을 실패한다면—즉, 아이의 관심이나 애정, 협력을 얻는 데 실패한다면—그 아이는 공동체 감각이나 친구와 연결되어 있다는 기분을 갖기 어려워질 것이다. 어떤 아이라도 본래 '타인에게 관심을 가지는 능력'은 가지고 있다. 하지만 이 능력은 길러주고 단련시켜 줘야 한다. 그렇지 않으면 아이의 성장에 큰 폐해가 생길 것이다.

_인생 의미의 심리학 上

좋은 교육에는
심리학이 필요하다

아이의 교육은 어떻게 하면 좋을까? 이것은 지금 세
상에서 가장 중요한 문제일 것이다. 그리고 아들러 심
리학이 크게 공헌할 수 있는 분야이기도 하다.

가정에서의 교육이든, 학교에서의 교육이든 목적은
단 하나다. 아이들 각자의 개성을 끄집어내어 올바른
방향으로 이끄는 것이다. 좋은 교육을 하기 위해서는
심리학의 지식이 필요하다. 모든 교육은 '삶의 기술'
인 심리학의 한 부분이라고 할 수 있다.

_살아가는 데 중요한 것

교육의 중요성에 대하여

아이를 의존적으로
키워서는 안 된다

부모는 아이를 자신의 생각대로 사랑할 수 있다. 그렇
다고 아이를 사랑이라는 울타리 안에 의존적으로 키
워서는 안 된다. 부모는 아이가 자립적으로 살아갈 수
있도록 양육할 의무가 있다. 따라서 아이가 태어나자
마자 자립적으로 살아갈 수 있도록 훈련하는 것이 중
요하다.

만일 부모가 아이에게 아무것도 하지 않아도 자기 뜻
대로 될 것이라는 인상을 안겨준다면, 아이는 사랑에
대해 근본적으로 오해한 채로 성장하게 될 것이다.

_아들러의 케이스 세미나

응석받이 아이의 특징

응석받이 아이도, 미움받는 아이도 모두 공동체 감각을 갖고 있지 않다. 즉, 다른 사람에게 관심을 갖지 않는다는 것이다. 응석받이로 자라면 자신의 행복에만 관심을 갖는다. 미움받고 자라면 친구가 필요하다는 것을 알지 못한다. 친구의 존재를 경험한 적이 없기 때문이다. 그 결과, 자기중심적인 관심만 자라게 된다.

하지만 이런 성향은 결코 타고난 것이 아니다. 태어난 후 몇 년간의 경험으로 배운 것이다. 이러한 문제의 밑바닥에는 아이들이 공동체(사회나 가정)에 속하지 않거나 받아들여지지 않는다고 느끼기 때문에 발생할 수 있다. 사회의 일원이라는 의식도 이런 상태에서는 아이의 내면에 자라지 않는다.

_교육이 곤란한 아이들

응석받이는 사랑받지 못한다

응석받이 아이가 학교에서 친구들에게 호감을 얻지 못하는 것은 사실이다. 놀림을 받기도 하고, '유치하다', '독립적이지 못하다' 등으로 여겨지기 때문이다.

초등학교에서도 이미 아이들 사이에서 공동체를 원하고 결속을 원하는 경향을 볼 수 있다. 이것은 간과할 수 없는 절대적인 인간의 습성·능력이다.

_교육이 곤란한 아이들

가정과 학교의 역할

가정과 학교의 역할은 아이들이 사회의 일원으로 일할 수 있는 사람, 인류의 일원으로 공헌할 수 있는 사람이 되도록 교육하는 것이다. 이런 가정과 학교에서 자랄 때, 아이들은 용기를 가질 수 있고, 인생의 과제가 닥쳐와도 안심하고 타인에게도 도움이 되는 건설적인 해결책을 찾아내는 사람이 된다.

_인생 의미의 심리학 下

아이가 인생의 과제를 대하는 태도

어떤 아이든 그 아이의 생활양식을 이해하고 평가하는 건 쉽다. 아이는 인생의 과제에 부딪히면 곧 그 과제에 대한 준비가 되었는지 아닌지를 인식할 수 있다. 용기가 있는지 없는지, 타인에 대한 공감력을 가지고 있는지 없는지, 그리고 건설적인 인생의 목적을 가지고 있는지로 측정할 수 있다.

_어린이의 교육

아이의 성장 기준

공동체 감각은 아이가 정상적으로 성장하고 있는지 아닌지를 알 수 있는 중요한 단서다. 공동체 감각을 잃어버리는 경험은 아이의 정신 성장에 끔찍한 악영향을 미친다. 공동체 감각은 아이의 성장이 정상인지 아닌지를 판단하는 기준이다.

_어린이의 교육

가정과 학교에서는
본래의 기질이 가려져 있다

사회는 학교처럼 순탄하지 않다. 자신만 애지중지 귀하게 대우받는 것도 아니다. 집에서는 착한 아이고, 학교에서는 모범생이어도, 사회에 나오면 도움이 되지 않는 사람이 있다. 이런 사람은 마음과 정신이 병들어 버린 사람이다. 그런 사람을 보고 깜짝 놀라는 사람들이 많다. 그는 가정과 학교에서 지나치게 잘 지내온 탓에 본래의 기질이나 생활양식의 원형이 가려져 있었을 뿐이다. 그러다가 성인이 되어 사회에 나와 역경과 부딪쳤을 때 그 원형이 표면으로 드러나고, 그것이 의외의 모습이었기에 주변 사람들이 놀라는 것이다.

_살아가는 데 중요한 것

체벌은 안 된다

나는 모든 체벌에 대하여 반대한다. 상대에게 변화를 촉구할 때에도 그 아이의 아동기 초기의 상황을 알고 설명이나 설득을 이용한다. 나의 이런 방법과 정반대의 방법으로, 즉 아이를 때리거나 하여 어떤 좋은 결과를 얻을 수 있을까?

아이가 학교에서 실수했다고 해서 그것이 아이를 때리는 정당한 이유는 될 수 없다. 아이가 글씨를 읽지 못하는 건 적절한 교육을 받지 못했기 때문이다. 때린다고 해서 교육의 효과를 기대할 수 없다. 그저 아이는 '실수하면 맞는다'는 걸 배우게 되고, 불쾌한 상황에서 벗어나기 위해 학교를 빼먹는 등의 학습만 하게 될 뿐이다.

때리는 상황을 아이의 관점에서 바라보자. 그러면 체벌이 얼마나 '괴롭다', '아프다'는 감정을 증폭시킬 뿐이라는 걸 알 수 있다.

_아들러의 케이스 세미나

아이의 생활양식은
꾸짖음으로 바뀌지 않는다

아이의 생활양식 형성을 생각했을 때 중요한 점을 짚고 가자면, '벌주다', '꾸짖다', '설교하다'와 같은 방법은 아이에게 좋은 영향을 주지 않는다. '어디를 바꿔야 하는지'를 아이는 물론 어른도 모른다면 아무리 꾸짖어도 성과가 없다. '왜 꾸지람을 받았는지', '어디를 바꿔야 하는지' 등을 이해하지 못하는 아이는 교활해지고 소심해질 뿐이다.

그 아이의 생활양식 원형은 체벌이나 꾸짖음으로는 달라지지 않는다. 그 아이 안에는 이미 '사물의 의무부여', 즉 '어떻게 받아들이는가'와 같은 인식의 습관과 방식이 형성되어 있다. 그 습관과 방식을 통해 '벌을 받았다', '꾸중을 들었다'는 경험을 받아들이기 때문이다. 우선은 원형, 그 근본에 있는 생활양식을 이해하지 않으면 아무것도 바꿀 수 없다.

_살아가는 데 중요한 것

사춘기는 성장을 돕는 시련이다

사춘기에는 많은 위험이 있다. 그래서 사춘기에 사람의 생활양식이 바뀐다고 말하기도 하는데, 그것은 사실이 아니다. 사춘기라는 것은 성장하는 아이에게 새로운 환경과 시련을 안겨주는 것일 뿐이다.

_인생 의미의 심리학 下

사춘기를 이길 수 있는 방법

아이가 자신을 사회에서 동등한 한 인간으로 느낄 수 있고, 조직과 사회(공동체)에 공헌하도록 교육을 받아 왔다고 가정해 보자. 또한 이성을 파트너이자 동등한 인간으로 생각하도록 교육받았다고 가정해 보자. 그렇다면 이 아이에게 사춘기는 문제가 되지 않는다.

성인이 되기 위한 과제를 자기 나름대로 생각하고 스스로 해결책을 찾기 위해 고민하는 시기가 바로 사춘기이기 때문이다.

_인생 의미의 심리학 下

사춘기에는 조바심을 주의하라

사춘기에는 모든 아이들이 시련과 부딪친다고 생각한다. '나는 이미 어린아이가 아니다'라는 것을 증명해야 하기 때문에 조바심을 낸다. 이것은 주의해야할 감정이다. 왜냐하면 '무언가를 증명해야만 한다'고 느낄 때면 언제든 '지나치다'는 경향이 있기 때문이다. 물론 사춘기 아이들도 종종 지나친 행동을 하는 경우가 많다.

_어린이의 교육

타인의 겉모습에 속지 않을 조건

'아이를 이해할 수 없다'고 고민하는 부모, '부모가 이해해주지 않는다'고 한탄하는 아이의 이야기를 자주 듣는다. 그러나 사람이 서로 협력하며 살아가기 위해서는 서로를 이해하는 것은 기본 조건이다. 사람을 제대로 이해할 수 있다면, 우리는 더 잘, 더 편하게 공생할 수 있다. 하지만 우리는 서로를 잘 이해하지 못하고, 타인의 겉모습에만 현혹되어 속아 넘어갈 위험이 있기에 공생이 잘 이루어지지 않는다.

_인간을 이해하는 심리학

교육에 종사하는 사람이
주의해야 할 것

결국 '목표를 갖는다'는 것은 '신이 되고 싶다'는 생각과 같다. 하지만 '신이 되고 싶다'는 궁극적인 목표다. 목표 중의 목표인 것이다. 교육에 종사하는 사람들은 신과 같은 존재를 지향할 때도, 아이들에게 '신처럼 되라'고 지도할 때도 주의해야 한다. 아이는 현실적으로 신보다 훨씬 구체적이고 가까운 사람을 목표로 삼기 때문이다. 가장 가까운 곳에서 가장 강한 사람을 찾아 그 사람처럼 되려고 한다.

_살아가는 데 중요한 것

문제 해결을 위한
두 가지 중요한 질문

여기 중요한 질문이 두 가지 있다.

첫째는 '언제부터 문제 행동이 있었는가'이다.

둘째는 '아이가 남의 시선을 끌려고 할 때는 어떤 상황인가'이다.

우리는 타인과 서로 협력해야 하고, 인생의 과제나 어려움에 맞서야 하고, 이를 건설적으로 사회(공동체)에 공헌하는 형태로 해결할 수 있는 사고와 능력이 필요하다.

_교육이 곤란한 아이들

자신에 대한 믿음을 가져라

주저하고, 멈칫거리고, 자신감 없이 주변을 살피고, 의심하고, 숨을 죽이거나 방황하는 아이들이 있다. 이런 아이들은 자신에 대한 믿음을 가지고 있지 않다. 이는 다양한 관점에서 아이를 바라보면 좀 더 이해할 수 있다. 먼저, 자신에 대한 평가가 다른 상황에서 어떻게 나타나고 작용하는지 살펴봐야 한다. 아이가 어떤 상황에서 자신감을 느끼는지, 혹은 자신감이 없는지. 자신이 가치 있다고 느끼는지, 열등감을 가지는지. 현재의 상황은 물론 그 아이의 과거 상태와 비교할 필요가 있다. 이처럼 아이의 생활양식이 어떻게 발달해왔는지를 살펴보는 것이 중요하다.

_교육이 곤란한 아이들

타인의 행복에 관심을 가져라

'어떻게 하면 내가 사회에 의미 있고 건설적인 존재가 될 수 있는가'라는 물음에 대한 답은 간단하다. 타인을 배려하고, 타인에게 관심을 갖는 것이다.

우정, 인간에 대한 관심, 종교와 정치, 결혼, 사랑…. 이것들은 모두 대인관계의 과제다. 이 분야에서 타인의 행복에 관심을 가지는지 아닌지가 중요하다.

우리가 교육이 어렵다고 느끼는 아이들은 타인의 행복에 관심을 가지지 않는다. 이런 아이들은 공동체 감각, 낙관주의, 용기가 부족하다.

_교육이 곤란한 아이들

타고난 성질을 어떻게 살릴 것인가

아들러 심리학의 관점에서 보면, '타고난 것'은 그리 큰 의미가 없다. 오히려 중요한 것은 어린 시절에 타고난 것을 '어떻게 활용하느냐'가 더 중요하다.

_살아가는 데 중요한 것

X

사랑과 결혼에 대하여

결혼이란

결혼이란 함께 살아가기로 결심하는 것이다. 그리고
서로의 인생을 돕고 풍요롭게 하는 것이다. 그렇게 생
각하는 두 사람이라면 결혼은 건설적인 것이 된다.

_사람은 왜 신경증이 되는가

좋은 결혼 생활이란

연애와 결혼을 제대로 할 수 있는 사람은 '사회성을 갖춘 사람'이다. 결혼 생활이 실패하는 것은 대부분 공동체 감각이 부족하기 때문이다. 이 문제를 해결하기 위해서는 당사자가 변하는 수밖에 없다.

결혼은 둘이서 하는 것이다. 그러나 지금까지의 사회 생활에서 우리는 혼자 하는 업무나 집단으로 하는 업무는 배우지만, 둘이 하는 공동 작업은 배울 기회가 적었다. 설령 배우지 못했더라도 각자의 방식으로 자신의 인격을 높이고 평등 정신을 중요하게 여기면 좋은 결혼 생활을 할 수 있다.

_살아가는 데 중요한 것

배우자 선택에 필요한 세 가지

어떻게 하면 배우자를 선택하는 데 실패하지 않을까?
이를 생각할 때, 신체적 매력이나 행동 외에도 다음의
세 가지를 살펴봐야 한다.
첫째, 친구와의 우정을 지키는가?
둘째, 일에 열중하는가?
셋째, 자신보다 상대(배우자)에게 더 많은 관심을 보이
는가?
이 중 하나만 봐도 공동체 감각이 어느 정도 몸에 배
어 있는지를 알 수 있다.

_살아가는 의미를 찾아서

사랑에는 공감력이 필요하다

연애나 결혼은 사회의 어떤 인간관계보다 더 많은 '공감력'을 필요로 한다. 즉, 상대방의 입장에 서서 생각하는 능력이 필수적이다.

결혼할 준비가 되어 있지 않은 사람은, 타인의 눈으로 보고, 타인의 귀로 듣고, 타인의 마음으로 느끼는 훈련을 하지 않은 사람이라 할 수 있다.

_살아가는 데 중요한 것

결혼할 자격이 없는 사람의 특성

결혼 생활이 순조로울지 그렇지 않을지 알 수 있는 징후는 많다. 예컨대 정당한 이유도 없이 약속 시간에 늦는 사람은 신뢰할 수 없다. 이는 아직 주저함이 있고, 결혼 생활을 하기에 충분한 준비가 되지 않았다는 증거다. 또한 상대를 자기 마음대로 하려고 한다. 상대를 비판만 한다. 이런 태도를 보이는 사람 역시 결혼 생활을 할 자격이 없다.

_살아가는 데 중요한 것

사랑에 대한 마음가짐

인류의 행복에 관심이 없는 사람이 있다. 그런 사람은
인생의 근저에 '나는 인류를 위해 어떤 공헌을 할 수
있는가', '내가 이 회사를 위해 할 수 있는 일은 무엇
인가'라는 물음 없이 '내 인생에서 이득이 되는 게 있
는가', '나는 사회에서 칭찬받는 존재인가'라는 것만
신경 쓴다. 그리고 사랑과 결혼에도 이 같은 태도를
보인다. 즉, 그/그녀는 이렇게 묻는다.
'나는 사랑과 결혼으로 무엇을 얻을 수 있을까?'

_인생 의미의 심리학 下

결혼의 조건

공동체 감각이 발달했는지 아닌지를 구분하는 방법은 건설적으로 살아가는 사람의 특징을 떠올리면 된다. 건설적으로 살아가는 사람은 용기가 있고 자신감이 있다. 인생의 난관에 부딪혔을 때에도 정면으로 맞서서 해결책을 찾으려 한다. 동료가 있고, 친구가 있고, 주변 사람들과 원만하게 지낸다.

이런 특징을 갖추지 못한 사람은 충분히 신뢰할 만한 사람이라고 할 수 없고, 결혼할 준비도 되어 있지 않다고 할 수 있다.

_살아가는 데 중요한 것

시기심은 열등감에서 만들어진다

'부럽다'가 아니라 '시기한다'고 느끼는 감정은 인생에서 비건설적인 태도로 이어진다. 시기심이 많은 사람은 결코 건설적인 인물이 되지 못한다. 게다가 이런 감정은 깊이 새겨진 열등감에서 만들어진다.

시기심이 많은 사람은 배우자를 꽁꽁 붙잡아둘 자신이 없다. 그래서 항상 시기하는 감정을 표출해 상대를 움직이려고 한다. 그 결과, 자신의 약점만 드러내게 된다.

_살아가는 데 중요한 것

평등한 사랑은 옳은 길을 걷는다

'평등'이라는 인간관계의 기초가 있어야만 비로소 사랑은 올바른 길을 걸을 수 있고, 결혼도 원만히 이뤄진다.

_살아가는 데 중요한 것

'여성은 열등하다'는 편견의 비극

일단 문화에 편견이 퍼지면, 그것은 모든 곳에 퍼져 다양한 상황에서 느낄 수 있다. '여성은 열등하다'는 편견과 그에 따른 '남성은 우월하다'는 편견은 지금도 남녀의 조화를 계속 방해하고 있다. 그 결과, 쓸데없는 다툼을 낳고, 때로는 온갖 애정 속에 파고들어 행복의 가능성을 위협하고, 사랑을 깨뜨리는 비극도 많이 일어난다.

_인간을 이해하는 심리학

부부 중 어느 한쪽도
복종해서는 안 된다

부부란 일과 친구(동료)의 공동 작업이다. 그 안에서
어느 한쪽이 복종하는 일이 있어서는 안 된다. 물론
둘의 관계가 완전히 대등하다는 건 어쩌면 이상에 불
과할지도 모른다. 그러나 그것이 얼마나 이루어지고
있는지를 보면 한 사람으로서 문화적 진보를 이루고
있는지, 이상적인 상태에서 얼마나 동떨어져 있는지,
어디가 잘못되었는지를 알 수 있는 잣대는 될 것이다.

_인간을 이해하는 심리학

X
사랑과 결혼에 대하여

사랑과 결혼은 가장 친밀한 헌신이다

'사랑과 결혼은 무엇을 의미하는가?'라고 묻는다면, 나는 불완전하지만 다음과 같이 정의한다.

결혼으로 성취하는 사랑은 이성 배우자를 향한 가장 친밀한 헌신이다. 그것은 신체적 매력을 가지고, 배우자로서 합당한 존재가 되려 하며, 아이를 갖겠다는 결심이기도 하다.

_인생 의미의 심리학 上

결혼은 두 사람의 행복,
아이의 행복, 사회의 행복이다

결혼은 서로의 행복, 아이들의 행복, 사회의 행복을 실현하는 파트너십이어야 한다. 이 중 하나라도 실패하면 결코 좋은 결혼이라 말하기 어렵다.

_인생 의미의 심리학 上

이 책의 편집자로부터 《초역 아들러의 말》의 기획을 제안받았을 때, 솔직히 주저했다. '아들러' 혹은 '아들러 심리학'을 다루는 수백 권의 책이 출간된 가운데 '이제 와서…'라는 느낌이 있었기 때문이다.

그러나 편집자가 '그러하기에 아들러 자신의 말로 돌아와 쉽게 아들러의 본질을 이해할 수 있는 책'을 출간하자는 의도를 전했을 때, 내 마음은 움직였다. 나 역시 '아들러' 혹은 '아들러 심리학'을 다룬 수많은 책을 써온 집필자이지만 아들러의 본질을 모두 전하지 못했다는 반성도 있었다.

원래 심리학 전문가도 아니고 40년 전부터 아들러에 심취하여 실천가로서 아들러와 함께 살아온 사람이다. 타인과 사회를 위해 일함으로써 자신과 타인의 행복을 중시한 심리학자, 아들러로부터 영향을 받은 많은 사람처럼 이론을 위한 이론이 아닌, '실천의 학문'으로서 아들러 심리학을 생각해 왔다. 그리고 언행일치에 가치를 두고 살아가는 것을 인생의 과제로 생각해 왔다. 그 총결산의 의미로서 이 일을 받아들이기로 결심했다.

아들러는 '예언자預言者'의 측면도 있는 '실천학'의 시조라고 말할 수 있다. 나는 의식적으로 '예언자予言者'가 아니라 '예언자預言者'라는 말을 사용했다. 사전에서 '예언預言'을 찾아보면, '기독교나 계시종교에서 신에게 받은 말을 사람에게 전하는 것, 또는 그 말. 윤리적 권고나 회심의 부름도 포함한다'고 정의하고 있다.

물론 나는 아들러를 신이라 생각하지 않고, 아들러 심리학을 종교처럼 받들 마음도 없다.

그러나《초역 아들러의 말》에서 '아들러가 들려준 말'은 현대를 살아가는 우리의 생활 방식, 사고방식, 대인관계를 보는 방식, 환경과의 관계 등 수많은 과제에 조언하고 있다. 100년 전의 아들러가 들려주는 말은 그 해결의 실마리가 될 것이다.

아들러의 말을 지금의 문제와 중복시켜 떠올리고 이해하기 쉽게 초역해 책으로 엮어내어 사람들에게 전하고 싶다.

　우선은 누구보다도 디스커버리 21의 편집자인 오타하라 에이미 씨에게 감사를 드린다. 오타하라 씨와는 이전 직장에서 《일하는 사람을 위한 아들러 심리학》(아사히 문고)을 출판한 이후 교류해왔다.

　그리고 전작 《모두 다르다. 그래도 팀으로 일하기 위해 중요한 것》이 매우 순조롭게 협업이 이뤄졌기 때문에 그 인연으로 이번 책 《초역 아들러의 말》 작업도 함께할 수 있었다.

　디스커버리 클래식 문고 시리즈에 이 한 권을 더하게 되고, 이전 회사를 포함해 이토록 적극적으로 지원해준 디스커버리 21의 모든 분에게 감사의 인사를 드린다.

　가정에서는 아내로서의 역할을 다하면서 바쁜 나를 대신하여, 내가 아들러의 책에서 뽑아놓은 포스트잇을 붙인 부분을 컴퓨터로 타이핑해 준 나의 아내 이와이 미야코에게도 감사한다. 덕분에 400가지가 넘는 아들러의 말 가운데 엄선하여 164가지 말로 압축할 수 있었다.

　휴먼길드를 40년 가까이 지지해준 스태프들, 수강생들, 회원들에게도 감사를 드린다. 이분들이 없었다면 현재의 나도 없었다.

　그리고 누구보다도 이 책을 마지막까지 읽어주신 여러분에게 감사하다. 아들러의 말이 여러분의 지식의 단편에 그치

지 않고 피와 살이 되어 여러분의 생활에 윤택함을 가져다주
길 기원한다.

알프레드 아들러의 154번째 탄생일을 기념하며

이와이 도시노리

1870   2월 2일 오스트리아 빈 교외의 루돌프스하임에서 태어났다.
        7형제 중 둘째로 위에 형 지그문트가 있다. 유대인 중산층 가
        정으로 아버지는 곡물상을 운영했다. 유소년기는 구루병과
        천식 발작으로 어려움을 겪었다.

1874   아들러가 4세 직전에 3살 아래 동생 루돌프를 잃었다. 그때
        의 경험과 아들러 자신이 병을 앓았던 데서 의사가 되고 싶
        다고 결심한다.

1888   빈 대학 의학부에 입학 후 학생 시절에 사회주의자의 정치집
        회에도 참여하였으나 적극적으로 활동하지는 않았다.

1897   일생의 반려자가 된 라이사 티모페예바 엡스타인(모스크바
        출생의 유대인 상인의 딸. 취리히 대학에서 동물학을 공부했다)과
        결혼한다.

1902   오스트리아의 심리학자이자 정신과 의사인 지그문트 프로이
        트와 만난다. 아들러는 프로이트가 시작한 심리학 수요회에
        초대를 받고 회원이 된다. 그 후 9년간 공동연구를 했다.

1907   사실상 처녀작인 《기관 열등성의 연구》를 탈고한다.

1910   빈 정신분석학회 회장으로 취임한다.

1911   오스트리아 시민권을 받았다(그때까지는 헝가리 국적). 프로이
        트와 결별하고 아들러는 동료들과 함께 자유정신분석협회를
        설립한다(이후에 개인심리학회로 명칭 변경). 이것을 계기로 프

로이트 노선과는 완전히 결별하고 자신의 심리학 이론을 확립해간다.

1912 그의 사실상 두 번째 책인《신경질 성격에 대하여》를 출간한다.

1916 제1차 세계대전 때 군의관으로 참전하여 많은 환자와 부상자를 치료한다. 훗날 공동체 감각만이 중요하다고 깨닫는 계기가 된다.

1920 이때부터 몇 개 시설(교사를 위한 상담소, 의학적·교육적 상담소, 유치원 등)의 설립에 착수하여 차츰 확장해간다. 아들러 심리학에 의해 교육을 개혁하고 보급하는 방향으로 전환한다.

1924 빈 시의 교육연구소의 교수로 취임한다.

1926 미국에 첫 강연 여행을 떠난다.

1929 뉴욕의 컬럼비아 대학에서 공개 강좌의 강사를 담당한다.

1930 빈 명예시민 칭호를 받는다.

1932 미국의 롱아일랜드 의과 대학에서 교편을 잡는다.

1934 독일 나치의 협박이 점차 거세지면서 거점을 미국으로 옮기기로 결심한다. 그가 중병을 앓는 것을 계기로 라이사의 가족과 함께 살기 시작한다.

1937 스코틀랜드 아버딘의 거리에서 쓰러져 심장발작으로 향년 67세로 서거한다.

아들러의 저서

《아들러의 케이스 세미나 생활패턴의 심리학》(A. 아들러 저, W.B. 울프 편, 이왕 도시노리 역, 잇코샤)

《인간을 이해하는 심리학》(A. 아들러 저, 기시미 이치로 역, 아르테)

《성격의 심리학》(A. 아들러 저, 기시미 이치로 역, 아르테)

《개인심리학의 기술 I 전기에서 생활양식을 읽어내라》(A. 아들러 저, 기시미 이치로 역, 아르테)

《교육이 곤란한 아이들》(A. 아들러 저, 기시미 이치로 역, 아르테)

《사람은 왜 신경증이 되는가》(A. 아들러 저, 기시미 이치로 역, 아르테)

《개인심리학 강의》(A. 아들러 저, 기시미 이치로 역, 아르테)

《어린이의 교육》(A. 아들러 저, 기시미 이치로 역, 아르테)

《개인심리학의 기술 II 아이들의 심리를 읽어낸다》(A. 아들러 저, 기시미 이치로 역, 아르테)

《인생 의미의 심리학 상》(A. 아들러 저, 기시미 이치로 역, 아르테)

《인생 의미의 심리학 하》(A. 아들러 저, 기시미 이치로 역, 아르테)

《살아가는 의미를 찾아서》(A. 아들러 저, 기시미 이치로 역, 아르테)

《살아가는 데 중요한 것》((A. 아들러 저, 사쿠라다 나오미 역, 호조샤)

《살아가는 의미》((A. 아들러 저, 하세카와 사나에 역, 코요칸)

《기관 열등성의 연구》(A. 아들러 저, 야스다 이치로 역, 킨코슛판)

《인간을 생각한다》(A. 아들러 저, 야마시타 반리 역, 가와데 쇼보신샤)

관련 서적

아들러 후계자들의 책

《아들러 심리학의 기초》(R.드라이커스 저, 미야노 에이 역, 잇코샤)

"The Individual Psychology of Alfred Adler: A Systematic Presen-
tation in Selections form his Writings" Edited by Heinz L. Ans-
bacher and Rowena R. Ansbacher, Basic Books, 1956

"Superiority and Social Interest: A Collection of Later Writings"
Edited by Heinz L. Ansbacher and Rowena R. Ansbacher,
Northwestern University Press, 1964

"Co-operation Between the Sexes: Writing in Women and Men,
Love and Marriage, and Sexuality" Edited by Heinz L. Ansbacher
and Rowena R. Ansbacher, W.W. Nortion&Company, 1982

아들러의 전기 등

《아들러의 추억》(G.J. 마나스타, G. 페인타, D. 도이치, B.J. 오바홀트 편,
가키우지 쿠니히로, 이하라 아야코, 노다 슌사쿠 역, 소겐샤)

《아들러의 생애》(에드워드 호프먼 저, 기시미 이치로 역, 가네코쇼보)

《무의식의 발견 하 역동정신의학발달사》(앙리 엘랑베르제 저, 기무라
빈 역, 고분도)

옮긴이 박재현

상명대학교 일어일문학과를 졸업하고 일본으로 건너가 일본외국어전문학교 일한 통번역학과를 졸업했다. 일본 도서 저작권 에이전트로 일했으며, 현재는 출판기획자 및 전문 번역자로 활동 중이다. 옮긴 책으로는 《니체의 말》, 《아들러 심리학을 읽는 밤》, 《초역 부처의 말》, 《살림지옥 해방일지》 등이 있다.

초역
아들러의 말

1판 1쇄 인쇄 2024년 8월 20일
1판 1쇄 발행 2024년 8월 30일

지은이 알프레드 아들러
엮은이 이와이 도시노리 **옮긴이** 박재현

발행인 양원석 **편집장** 정효진
디자인 신자용, 김미선 **영업마케팅** 윤우성, 박소정, 이현주, 정다은, 박윤하

펴낸 곳 ㈜알에이치코리아
주소 서울시 금천구 가산디지털2로 53, 20층 (가산동, 한라시그마밸리)
편집문의 02-6443-8847 **도서문의** 02-6443-8800
홈페이지 http://rhk.co.kr
등록 2004년 1월 15일 제2-3726호

ISBN 978-89-255-7463-9 (03100)